Sylvia Bieber

Reisen ins Land der Seele

Fantasiereisen zur Entspannung,
Klärung, Zielsetzung

Schirner Verlag

ISBN 978-3-89767-934-4

Sylvia Bieber:
Reisen ins Land der Seele
Fantasiereisen zur Entspannung,
Klärung, Zielsetzung

Umschlag: Murat Karaçay, Schirner unter
Verwendung des Bildes 1972626,
www.fotolia.de
Redaktion: Beate Christmann, Schirner
Satz: Annika Schauf, Books' Looks
Printed by: FINIDR, Czech Republic

www.schirner.com

1. Auflage 2010

Inhalt

Fantasiereisen

Vorwort und Dank

Meine Vorstellung erzeugt die Energie
zur Erfüllung meiner Wünsche.

Dass dieses Buch zustande kam, habe ich in erster Linie unseren Ausbildungsteilnehmern, meinen Klienten und vor allem meinem Mann, Joachim Seelmann, zu verdanken. Da in all unseren Aus- und Weiterbildungen Fantasiereisen zum Einsatz kommen, wurde ich immer wieder gefragt, wann ich denn endlich mal eine Zusammenfassung all meiner Reisen in schriftlicher Form herausbringen würde. Sicher kennen auch Sie es, dass Wünsche, Träume und Visionen aus Zeitmangel im Alltag leicht untergehen. So gerne ich schreiben wollte, die beruflichen und privaten Termine schienen immer wichtiger zu sein als meine kreative Sehnsucht.
Mein Mann ermutigte mich dazu, mir längere Auszeiten im Ausland zu nehmen. Er war bereit, einen Großteil meiner Arbeit zu übernehmen, damit ich endlich meinen Traum verwirklichen konnte. Während dieser schöpferischen Phasen konnte ich mich, frei von jeglicher Verantwortung für irgendwen oder irgendwas, dem Schreiben hingeben. Am Strand von Koh Lanta sitzend – die Füße im Sand, im Ohr das Rauschen der Wellen und vor mir ein frisch gemixter Fruitjuice –, entstanden nach und nach die Seiten dieses Buches. Sandra und Jürgen Wohlfahrt, die Inhaber der Bungalowanlage, in der ich wohnte, wurden mir dabei zu guten Freunden.
Die Feinheiten und Überarbeitungen durfte ich dann am Esstisch von Martina Straub auf Mallorca erledigen. Sie versorgte mich mit »Kaffee

wie morgens« und erinnerte mich immer wieder an Pausen. So wuchs und gedieh mein »Baby«. Martina war es auch, die sich innerlich immer wieder auf den Weg machte, wenn eine Reise fertig überarbeitet war. Sie gab mir wertvolle Anregungen und Tipps, die ich gerne in die Reisen einbaute.

Die Initialzündung zum Schreiben von Fantasiereisen hatte ich einige Jahre vorher durch Dr. Günther Beyer erhalten. Bei ihm habe ich meine Hypnose- und NLP-Ausbildung absolviert und erleben dürfen, wie wirkungsvoll die hypnotische Sprache ist, wenn sie in traumhafte Reisen eingebunden wird. Seitdem lehre ich das Thema »Fantasiereisen« nicht nur in unseren Aus- und Weiterbildungen, sondern setze die Reisen auch regelmäßig in meinen Coachings und Therapien ein. Die Auswirkungen auf die Klienten sind so verblüffend, dass ich manchmal noch selbst überrascht bin.

Erwähnen möchte ich auch meine Lektorin vom Schirner Verlag, Frau Beate Christmann. Ein Buch, das zum großen Teil aus Trancetexten besteht, zu lektorieren, ist eine Meisterleistung. Ich weiß, wie schwierig es ist, hellwach, konzentriert und aufnahmefähig zu bleiben, wenn die Inhalte gerade diesen Zustand eliminieren sollen. Sätze, die eigentlich keine sind, inhaltlich so zu erfassen, dass man korrigieren kann, zeugt von beachtlicher Kompetenz und hohem Engagement.

All diesen Menschen möchte ich an dieser Stelle meinen tief empfundenen Dank ausdrücken. Ohne euch wäre dieses Buch nie entstanden!

Was sind Fantasiereisen?

Durch meine Intuition erhalte ich Zugang zu allen Schöpfungsideen.

»Auf den Flügeln der Fantasie« sind sicher auch Sie schon einmal gereist, sei es in Tagträumen oder beim Lesen eines spannenden Buches. Fantasiereisen verweisen auf unsere Fantasie, die Imagination oder Vorstellungskraft, sowie auf eine Reise, also einen Weg dorthin und wieder zurück. Der Begriff »Fantasiereise« wird aber in unserer Alltagssprache kaum gebraucht. Vielleicht sind Ihnen Fantasiereisen aus Veranstaltungen zur Persönlichkeitsentwicklung bekannt, etwa aus Entspannungs-, Meditations- oder Selbstfindungskursen. In diesen Bereichen wurden in den letzten Jahren zahlreiche Fantasiereisen entwickelt.

Während einer Fantasiereise wenden wir uns von der äußeren Welt ab und richten die Aufmerksamkeit nach innen. Wir kommen in Kontakt mit unseren Vorstellungen, Gefühlen und mit unserem Unterbewusstsein. Wir unternehmen diese Reise mithilfe unserer Vorstellungskraft, die zumeist durch verbale Stimulation, oft aber auch durch Musik oder Geräusche, angeregt und intensiviert wird. Auftauchende Bilder, Empfindungen und Töne eröffnen uns neue Sichtweisen und lassen uns Perspektiven und Möglichkeiten für das Handeln in der äußeren Welt erkennen.

Unsere Fantasie ist oft der Schlüssel zur Lösung unserer Probleme. Sie macht es uns möglich, dass wir kreativ und schöpferisch Wege beschreiten, die wir in der äußeren Realität gar nicht mehr wahrnehmen können. Im Außen sind wir häufig blind für die einfachsten Lösungen. Die Fantasie ist die treibende Kraft, wenn wir unsere innere Realität positiv beeinflussen wollen. Denn das, was wir denken und wie wir denken, beeinflusst unsere Wahrnehmung. Unser Denken hat auch Einfluss auf die Erfahrungen, die wir machen; es bestimmt, welche Bedeutung wir diesen Erfahrungen geben. Diese Einschätzungen wiederum beeinflussen unsere Haltung und unsere Handlungen. Und somit wird ein Kreislauf in Gang gesetzt, der von innen nach außen wirkt und uns enorm beflügeln kann.

Aus diesem Grund können wir Fantasiereisen nutzen, um unser Potenzial, unsere Kräfte aktiv zu nutzen. Wir können innere Programme aktivieren und/oder verändern. Mit unserer Fantasie schaffen wir innere Realitäten. Wir sind die Erzeuger unserer Ideen, Gedanken und Überzeugungen. Wir bestimmen selbst, ob wir uns in negativen Bildern, Tönen und Empfindungen aalen, oder ob wir positive, uns unterstützende Ideen, Gedanken und Gefühle kreiieren.

In unserer Fantasie ist alles möglich. Wir können erfinden und erschaffen, was immer wir uns wünschen. Wir können in fremden Welten spazieren gehen, anderen begegnen, Lösungen finden, Freude, Liebe und Ekstase erleben, uns neue Verhaltensweisen aneignen, unsere Identität verändern und neue Werte und Überzeugungen entwickeln. Wir können einfach »so tun, als ob« und damit Schranken niederreißen und neue Möglichkeiten schaffen. In unserer Vorstellung üben wir für die später folgende konkrete Umsetzung. Auf diese Weise entstehen im Gehirn neue Vernetzungen. Diese neuronalen Landkarten verändern sich durch Erfahrungen, Erkenntnisse und Musterwiederholungen.

Welche Wirkungen haben Fantasiereisen?

Ich kann loslassen und entspannen
und schöpfe dadurch neue Kraft.

- Fantasiereisen sind Geschenke. Mit diesen Geschenken können wir die Fesseln von unserem Geist lösen und uns **von einschränkenden Mustern befreien**.
- Da in der Fantasie alles möglich ist, können wir üben. All das, was uns ängstigt, können wir **vorab durchspielen**, damit wir in den konkreten Situationen gewappnet sind.
- Wir können die Quelle unserer **Kreativität** anzapfen, uns Dinge eingestehen, an die wir in der Realität nicht denken würden, Unmögliches möglich machen.
- Wir können unseren Körper anregen, sich **schneller zu regenerieren**.
- Die Fantasie hebt die Zeit auf. Fantasiereisen können dafür eingesetzt werden, unsere **Vergangenheit, Gegenwart und Zukunft positiv zu verändern**.
- Persönliches **Wachstum, Selbstverwirklichung und Persönlickeitsentfaltung** sind mit Fantasiereisen möglich.

- Wir können schneller und leichter **lernen**, Lernblockaden überwinden.

- Fantasiereisen können uns auch einfach »nur« in die **Entspannung** führen, damit wir regenerieren und unsere Akkus wieder auffüllen.

- Wir können **unerwünschte Verhaltensweisen** in zwischenmenschlichen Beziehungen **verändern**.

- Und wir können die **Selbstliebe** aktivieren.

Das Arbeiten mit Vorstellungsbildern

Ich gebe meinem Geist die Stille und Ruhe,
derer er bedarf, und nutze fantasievoll
seine wunderbaren Gaben.

Fantasie ist die Fähigkeit, neue Vorstellungsbilder zu erschaffen. Eine Fantasiereise ist demnach eine Reise in die Welt unserer Vorstellungen – im Gegensatz zu den Wahrnehmungen der Außenwelt. Vorstellungsbilder werden in der Regel absichtvoll herbeigerufen und als etwas Subjektives, Eingebildetes erlebt. Sehr häufig wird in diesem Zusammenhang auch der Begriff Imagination verwendet (imagio = Bildnis, Abbild, Vorstellung). Imagination bedeutet Einbildungskraft, die Fähigkeit, sich abwesende Gegenstände, Personen und Situationen u.a. in Form von Vorstellungen zu vergegenwärtigen.

Beispiel:

Eine Freundin erzählte von einem Sonnenaufgang in ihrem Urlaub:

Es war wunderschön, am Morgen das Meeresrauschen zu hören, die frische Meeresluft einzuatmen, den Rhythmus der Wellen im eigenen Körper zu spüren, einen Hauch von Freiheit zu fühlen und dabei einen wunderschönen Sonnenaufgang zu erleben …

Während sie ihre Erlebnisse schilderte, entstanden in mir sofort Bilder aus meinem eigenen Urlaub, bei dem ich Ähnliches erlebt hatte.

Unsere Vorstellungen haben eine messbare Wirkung auf unseren Körper, weswegen immer mehr Ärzte und Therapeuten nicht nur zunehmend auf die Wahl ihrer Worte achten, sondern auch gezielt Fantasiereisen und -übungen zur begleitenden Therapie empfehlen. Darüber hinaus wird in der Psychotherapie heutzutage die Arbeit mit Vorstellungsbildern in den unterschiedlichsten Richtungen angewendet, etwa im »Katathymen Bilderleben«, im »Releasing« oder bei der »Prozessorientierten Innenweltarbeit (= POIA)«.

Über den Bereich von Therapie und Selbsterfahrung hinaus wurden Vorstellungsübungen erfolgreich im Sport erprobt, ebenso in der Wirtschaft, Berufsausbildung und in der Physiotherapie. Man spricht hier meist von **mentalem Training**, bei dem man sich einen erwünschten idealen Zustand mit allen Sinnen vorstellt (imaginiert). So visualisieren etwa Sportler einen optimalen Bewegungsablauf, was nachweislich einen positiven Effekt auf ihre Leistung in der Realität hat.

Beispiele:

Immer wieder hört man von Weltklassesportlern, die ihre eigenen Rekorde brechen, obwohl sie verletzungsbedingt nicht üben konnten und sich stattdessen die Zeit genommen haben, täglich vor ihrem inneren Auge zu trainieren. Auch einer meiner Klienten, der am Fürther Triathlon teilnehmen wollte, trainierte neben dem Laufen, Schwimmen und Fahrradfahren immer wieder mental. Durch seine präzisen Visualisierungstechniken war es ihm erstmals möglich, den Triathlon in deutlich unter zehn Stunden zu absolvieren.

Selbst Piloten trainieren bestimmte Bewegungsabläufe (z. B. bei Landemanövern) in der Vorstellung, ehe sie diese in der Praxis erproben. In der Medizin sind heute auch »Heilmeditationen«, wie sie etwa Krebskranke zur Stärkung ihrer Abwehrkräfte und zum Aufbau des Immunsystems machen, anerkannte Anwendungsmöglichkeiten positiver Vorstellungsbilder. Dabei werden Heilungsressourcen wie Frieden, Zuversicht, Freude, Hoffnung, etc. erschlossen.

Die Vorstellungskraft nutzen

Mir ist bewusst, dass ich alle Antworten auf meine Fragen in mir trage.

Wir alle entwickeln permanent innere Bilder. Diese bleiben oft unbewusst, obwohl sie unser Denken und Handeln im Alltag steuern. Ich spreche hier von unwillkürlichen Vorstellungen, die an unser Denken geknüpft sind.

Wir können aber auch willentlich Vorstellungen entwickeln. Überlegen Sie doch einfach mal, wie viele Schubladen Ihre Küche hat? Um diese Frage beantworten zu können, werden Sie vermutlich eine Erinnerungsvorstellung abrufen – meist ist das ein Bild, um in Ihrer Vorstellung die Schubladen konkret zählen zu können.

Der Begriff »Vorstellungskraft« bezieht sich nun aber tatsächlich auf eine pyschische Kraft, die ganz konkrete physiologische Auswirkungen hat. Der Physiologe William Carpenter (1813–1880) stellte im Jahre 1852 fest, dass die intensive Vorstellung einer Bewegung die Tendenz zu ihrer Ausführung hervorruft. Dies nennt man heute den Carpenter-Effekt. Schon bei gedachten Bewegungen kann man eine verstärkte Durchblutung der Muskeln feststellen. Auch wies man nach, dass schon durch die Vorstellung einer Bewegung eine schwache Kontraktion der Muskeln hervorgerufen werden kann. Es ist unmöglich, sich eine Bewegung intensiv vorzustellen und gleichzeitig den an der Ausführung beteiligten Körperteil völlig entspannt zu lassen.

Auch Edmund Jacobsen (Begründer der Progressiven Muskel-Relaxation) hat Ende der 20er-Jahre bewiesen, dass der intensive Gedanke an eine bestimmte Körperbewegung die entsprechenden Nervenzellen aktiviert. Entspannende Bilder führen folglich zu einer Entspannung der Muskeln. Die Vorstellung, ein Gewicht zu heben, bewirkt hingegen Muskelanspannung.

Beispiel:

Eine bekannte amerikanische Universität berichtete, dass Probanden, die sich hochkonzentriert die Anspannung ihres Armmuskels vorstellten, nach nur zwei Wochen einen enormen Muskelzuwachs verzeichnen konnten, der auch Monate später noch anhielt. Das Gleiche konnte ich bei einem 38-jährigen Klienten feststellen. Sein Bein war wochenlang eingegipst, was eigentlich einen Muskelabbau zur Folge hätte haben müssen. Doch Dank des regelmäßigen mentalen Trainings in Form von vorgestellten Kniebeugen und gedanklichem Training am Wadenheber war, als man den Gips abnahm, kein Unterschied zum gesunden Bein feststellbar.

Auch für die psychische Entwicklung ist es nicht gleichgültig, welche inneren Bilder wir erzeugen. Denn wenn wir negative Vorstellungen vor Augen haben, werden wir sehr bald merken, wie sie uns niederdrücken, schwach werden lassen und uns in unserer Handlungsfähigkeit einschränken, sodass wir dadurch oft auch negative Situationen magisch anziehen. Positive Vorstellungen hingegen bauen uns auf und erweitern unsere Möglichkeiten.

Sie können das an dieser Stelle selbst einmal erproben, indem Sie jetzt intensiv an eine negative Situation denken. Das kann ein unangenehmes Ereignis sein, ein Streit vielleicht oder ein Unfall, eventuell ein persönliches Versagen oder eine Kränkung. Spüren Sie in sich hinein, beobachten Sie dabei Ihre Körperhaltung, Ihre Atmung, Ihre Gefühle …

Und nun lassen Sie diese Bilder ganz bewusst in den Hintergrund treten. Denken Sie jetzt an eine erfreuliche Situation. Vielleicht an einen erholsamen Urlaubstag, an eine Gehaltserhöhung, an eine wundervolle Liebesbeziehung oder an einen schönen Sonnenuntergang. Beobachten Sie jetzt wieder ganz genau Ihre Körperhaltung, Ihre Atmung, Ihre Gefühle …

Merken Sie den Unterschied?

Vorstellungsübungen lohnen sich

Ich öffne mich für mein inneres Licht.

Eine Vorstellungsübung ist beabsichtigte und schöpferische Arbeit mit mentalen Bildern, also eine willentlich erzeugte Imagination. Vorstellungsübungen beziehen sich auf die verschiedensten Möglichkeiten, sich der eigenen Innenwelt zuzuwenden und deren Kräfte konstruktiv zu nutzen. Dabei geht es nicht nur um bildhafte Vorstellungen, sondern um solche aus allen Sinnesbereichen, um die Vorstellung von Klängen wie Musik, Gespräche, Geräusche aus der Umwelt etc., weiter die fühlbaren Vorstellungen wie Körperempfindungen, aber auch um Gefühle wie Angst, Schmerz, Liebe, Freude, Genuss etc. und natürlich auch um Geschmacks- und Geruchsvorstellungen.

Die folgende Übung soll dies etwas verdeutlichen:
Schließen Sie Ihre Augen, und stellen Sie sich vor, dass Sie eine Praline in Ihrer geöffneten Hand halten.

Visuelle Vorstellung: Schauen Sie sich diese Praline genau an. Wie groß ist sie? Welche Form und Farbe hat sie? Vielleicht bemerken Sie auch die kleine Wellenstruktur auf der Oberfläche?

Kinästhetische Vorstellung: Fühlen Sie die Praline in Ihrer geöffneten Hand. Spüren Sie ihr Gewicht, bemerken Sie, wie die Wellenstruktur sich in Ihrer Hand anfühlt. Vielleicht können Sie die Erhebungen ertasten?

Olfaktorische Vorstellung: Wenn Sie die Praline zur Nase führen, können Sie ihren aromatischen Duft wahrnehmen, vielleicht einen Geruch von Süße oder Creme?

Gustatorische Vorstellung: Vielleicht läuft Ihnen bei der Vorstellung das Wasser im Mund zusammen, sodass Sie die Praline in den Mund führen möchten, um den Geschmack zu kosten und die Schokolade zu schmecken.

Akustische Vorstellung: Und wenn Sie zubeißen, können Sie möglicherweise das leise Knacken der Schokolade hören.

In den Fantasiereisen werden diese verschiedenen sogenannten Repräsentationssysteme gezielt angesprochen, um die Vorstellungen zu intensivieren. Es gibt Menschen, die eine sehr gute visuelle Vorstellungsgabe haben. Anderen wiederum ist es nur sehr schwer möglich, die Reisen bildhaft wahrzunehmen. Dafür ist aber oft ihr kinästhetischer Kanal sehr stark ausgeprägt, und sie haben ein intensives Gefühl zu dem innerlich ablaufenden Film.

Die Wahl der Anrede

Im SIE ist das DU gefangen.

Alle Reisen in diesem Buch sind in der intimeren Du-Form geschrieben. Das hat zwei Gründe: Zum einen finden diese Reisen in unseren Seminaren Anwendung, und unsere Seminarteilnehmer duzen wir alle, zum anderen ist das Du dem Unterbewusstsein näher. Mit meinen Klienten handhabe ich es so, dass ich sie im Coaching zwar mit Sie anrede, aber während der Reise zum Du überwechsle und anschließend ganz selbstverständlich wieder ins Sie übergehe. Das spreche ich allerdings vorher an. Selbstverständlich können Sie frei entscheiden, in welcher Form Sie mit Ihren Klientinnen arbeiten möchten.

Um Ihnen, liebe Leserin, lieber Leser, die Arbeit mit diesem Buch zu erleichtern und mir das ständige Anbringen von Schrägstrichen für die weibliche, bzw. männliche Form der Anrede zu ersparen, habe ich mich dafür entschieden, immer von »der Klientin« zu sprechen. Zwei Gründe sprechen meiner Meinung nach dafür. Zum einen sind es überwiegend Frauen, die Fantasiereisen nutzen, sowohl als Vorlesende, als auch als Reisende. Zum anderen habe ich die meisten Fantasiereisen auch für Klientinnen geschrieben. Nichtsdestotrotz werden die Reisen auch von Männern sehr gemocht. Das erlebe ich immer wieder in unseren Ausbildungen und auch bei meinen männlichen Klienten. Allerdings stehen sie in der Öffentlichkeit noch nicht so sehr zu dieser geheimen Liebe. An dieser Stelle möchte ich die männlichen Leser deshalb um Nachsicht dafür bitten, dass ich die weibliche Form der Anrede gewählt habe.

Des Weiteren habe ich mich bei der Beschreibung der theoretischen Inhalte darauf festgelegt, dass die Reisen immer mit einer einzelnen Person durchgeführt werden. Es steht Ihnen selbstverständlich frei, die Reisen auch mit Gruppen zu veranstalten.

Wie setzt sich eine Fantasiereise zusammen?

Es gibt sehr viele unterschiedliche Methoden, Ihre Klientin in die Entspannung zu führen. Der Grad der Entspannung beeinflusst maßgeblich, wie tief wir in die Bilderwelt, in unsere Visionen eintauchen können. Der gelöste und schwebende Zustand, den wir manchmal auch kurz vor dem Einschlafen bewusst wahrnehmen, erleichtert es uns, Träume entstehen zu lassen, Problemlösungen zu finden oder auch unserer Fantasie Flügel wachsen zu lassen.

Alle Fantasiereisen, die Sie in diesem Buch finden, bestehen aus vier Teilen:

1. Die Hinführung/Entspannungsanleitung (= Tranceinduktion)
2. Induktion des »sicheren Platzes« mit Schutzfunktion
3. Die eigentliche Reise
4. Das Herausführen, die »Rückreise«

1. Die Hinführung/Entspannungsanleitung (= Tranceinduktion)

Die einzelnen Teile der Fantasiereise können von unterschiedlicher Länge sein. Sollten Sie mit Klientinnen arbeiten, die es nicht gewohnt sind, sich zu entspannen, empfiehlt es sich, anfangs eine längere Tranceinduktion zu verwenden. Später genügt dann meist eine kurze Einleitung. Während dieser sollten die Klientinnen sitzen oder liegen, die Aufmerk-

samkeit wird in der Regel auf den Atem und/oder den Körper gerichtet. Geräusche, die eventuell auftreten können, werden in die Reise integriert, sodass sie nicht störend wirken. Während der Reise sollten Störungen möglichst ausgeschaltet werden. Sorgen Sie deshalb dafür, dass kein Telefon oder Handy klingelt, keine Türen knallen oder andere Personen den Raum betreten. Wenn möglich, sollte der Raum abgedunkelt bzw. das Licht ausgeschaltet werden.
Dann erhält die Klientin die Erlaubnis, mit ihren inneren Sinnen wahrzunehmen, sodass Bilder und Gefühle entstehen können. Sogenannte »Prozessworte«, wie z. B. »tiefer sinken« oder »loslassen«, werden vermehrt in die Tranceinduktion eingestreut. Fast von selbst stellt sich ein leicht veränderter Bewusstseinszustand ein, ähnlich wie bei Tagträumen.

Daran können Sie erkennen, dass Ihre Klientin in Trance ist:

- falls die Augen offen sind, an einem starren und unfokussierten Blick
- bei geschlossenen Augen an Bewegungen hinter den geschlossenen Lidern
- an einem entspannten Kinn
- evtl. an einem leicht geöffneten Mund
- an einem ausdruckslosen Gesicht
- an einer flachen und gleichmäßigen Atmung
- an Bauchatmung
- an unbewussten Körperbewegungen und Muskelzuckungen
- an einer Veränderung der Hautfarbe, meist wird sie blasser

2. Induktion des »sicheren Platzes« mit Schutzfunktion

In Trance sind wir sehr »offen« und deshalb auch sehr sensibel. Wir öffnen unsere Tür ins Unterbewusstsein und geben dadurch allen möglichen Einflüssen Raum. Deshalb ist es wichtig, der Reisenden Schutz zu bieten. Führen Sie Ihre Klientin an ihren »sicheren Platz«. Jeder von uns hat einen Ort der Sicherheit. Dieser kann ein bekannter und geliebter Ort in der realen Welt sein, es kann sich aber auch um einen Fantasieort handeln, an dem wir uns einfach wohl und geborgen fühlen. Auch in uns selbst, z. B. im Herzen, im Solarplexus oder im Bauch kann sich dieser Ort befinden. Klientinnen, die noch unerfahren mit dieser Art von Reisen sind, sollten zuerst eine Reise zur Etablierung ihres sicheren Platzes machen. Alternativ dazu können Sie zunächst einen Text wählen, der mehrere Möglichkeiten eines sicheren Platzes enthält. An diesem Platz kann die Reisende Schutz und Unterstützung durch ihre Helfer erbitten. Je nach Glaubensrichtung können dies z. B. sein: Gott, Allah, Buddah, Schutzengel, das Höhere Selbst, Gottesenergie, Krafttiere usw. Wem das zu »esoterisch« oder »abgehoben« ist, kann auch einfach nur die Worte Schutz, Unterstützung, Hilfe, Sicherheit etc. benutzen. Von diesem sicheren Platz aus starten wir dann in den Hauptteil.

3. Die eigentliche Reise

Der Hauptteil der Fantasiereise wird von der Geschichte oder von einer Metapher (= Gleichnis) getragen. Durch die Wahl der Worte hat die Klientin die Möglichkeit, mit allen Sinnen wahrzunehmen. Sie kann sich Bilder vorstellen, Stimmen oder Klänge hören, Gefühle wahrnehmen, Düfte riechen oder Geschmäcke wiedererkennen, je nachdem, welche Worte benutzt werden.

Der Hauptteil ist der längste und intensivste Part der Reise. Um die richtige Geschichte zu wählen, ist es wichtig, dass Sie sich darüber im Klaren sind, welches Ziel Ihre Klientin erreichen will. Welcher Zustand soll erzielt werden? Von den Antworten auf diese Fragen hängt es ab, wie direktiv die Reise gestaltet werden sollte.

Eine Reise, die sehr wenig gelenkt, also halb offen oder offen formuliert ist, hat allerdings den Vorteil, dass die Klientin ihre ureigenen Vorstellungen entwickeln kann, da das Unterbewusstsein der Klientin angesprochen wird. Das Unterbewusstsein bedient sich der Symbol- oder Bildsprache. Es arbeitet weder logisch noch rational, sondern assoziiert und entwickelt eigene Vorstellungen, sofern wir ihm die Möglichkeit dazu bieten. Die Geschichten im Hauptteil der Fantasiereisen sind deshalb gespickt mit symbolhaften[1] Bildern, die im Unterbewusstsein der Klientin Impulse setzen, sodass entsprechende Wahrnehmungen ins Bewusstsein drängen.

1 Symbole sind Mittler zwischen Unterbewusstsein und Bewusstsein und aktivieren lebenswichtige Kräfte für unsere Weiterentwicklung. Sie sprechen sowohl das Bewusste als auch das Unbewusste an und lassen genug Spielraum, die Inhalte der Fantasiereisen für uns selbst zu deuten und zu entschlüsseln. Symbole sind sinnlich wahrnehmbare Bedeutungsträger und naturgemäß immer ambivalent. Als Bilder der Seele spiegeln sie die Polarität unseres Unterbewusstseins und unserer Realität wider. Das Unterbewusstsein widerum ist ein Universum voller Wunder, voll unsichtbarer Energien, Kräfte, ja sogar verschiedener Persönlichkeiten, die in uns leben. Sein Reich ist weit größer, als wir im Allgemeinen ahnen. Es führt ein völlig selbständiges Eigenleben parallel zu unserer normalen Existenz. Das Unterbewusstsein ist die verborgene Quelle vieler Gedanken, Gefühle und Handlungen. Diese Quelle zapfen wir mithilfe der Fantasiereisen wirkungsvoll an.

Beispiel einer direktiven, bzw. einer offen gehaltenen Szene:
Direktiv: Du siehst vor dir ein einstöckiges, aus roten Backsteinen erbautes Haus und bemerkst, wie Männer und Frauen in schwarzer Kleidung unter dem Schatten spendenden Dach einer mächtigen Eiche verweilen, die direkt neben dem Haus steht. Auch du möchtest dich ausruhen.

Offen: Ein Haus wahrzunehmen und gleichzeitig zu bemerken, dass in der Nähe, unter dem Schatten spendenden Dach einer mächtigen Eiche, Menschen in dunklen Kleidern verweilen, kann bewirken, dass auch du dich ausruhen möchtest.

4. Das Herausführen, die »Rückreise«

Beim Herausführen aus den Fantasiebildern bzw. beim Rückholen aus der Trance sollten Sie auf die körperlichen Signale Ihrer Klientin achten. Je nachdem wie schnell sie Ihren Aufforderungen folgt, können Sie diesen Teil der Reise länger oder kürzer gestalten. Auf jeden Fall sollten Sie sicherstellen, dass sie am Schluss wieder mit ihrer gesamten Aufmerksamkeit im Hier und Jetzt ist, dass ihr Kreislauf aktiviert ist und einem sicheren Nachhausekommen nichts im Wege steht.

Die praktische Umsetzung von Fantasiereisen

Akzeptierend befolge ich den göttlichen Willen in meinem Leben, der sich mir Schritt für Schritt enthüllt.

Vor dem Einsatz einer Fantasiereise sollten Sie sich klarmachen, was Ihre Klientin erreichen will. Welche Erfahrungen will sie machen? Wie bei einer richtigen Reise bestimmt das Ziel, was Sie in den Koffer packen müssen, um es Ihrer Klientin so bequem wie möglich zu gestalten. Seien Sie sich bewusst, dass der Erfolg der Reise von Ihrer Planung, Ihren sorgfältigen Vorbereitungen und Ihrer liebevollen, achtsamen und einfühlenden Durchführung bestimmt wird.

Sie haben Ihre Fantasiereise sorgfältig ausgesucht. Idealerweise haben Sie diese Reise auch selbst schon als Teilnehmerin erlebt, wissen also, wohin Sie Ihre Klientin führen. Jetzt ist es wichtig, dass Sie sich selbst und auch den Raum vorbereiten. Stimmen Sie sich auf die Stunde ein. Gehen Sie in Ihrer Vorstellung die Reise noch mal durch. Entspannen Sie sich selbst, damit Sie Ihre Klientin ruhig und gelassen führen können.

Achten Sie darauf, dass Ihr Raum gelüftet ist und eine warme und behagliche Atmosphäre herrscht. Mit Aromaölen können Sie das Zimmer auch »reinigen« oder »energetisieren«. Aber Achtung: nicht zu viel des Guten, da manche Menschen sehr empfindlich auf Düfte reagieren. Checken Sie die Musikanlage vor der Reise, damit die Lautstärke der Begleitmusik auf Ihre Stimme abgestimmt ist. Beachten Sie dabei, dass Ihre »Trancestimme« leiser ist als Ihre normale. Halten Sie Decke und Kissen bereit. Die Unterlage sollte sehr bequem sein. Dicke Schaumstoffmatten oder Latexmatratzen eignen sich sehr gut. Auch auf bequemen Stühlen lassen sich Fantasiereisen durchführen.

Machen Sie Ihre Klientin darauf aufmerksam, dass die eintretende Entspannung auch die Blase betrifft, und deshalb oft Harndrang entsteht. Es ist also sinnvoll, vor der Reise noch mal auf die Toilette zu gehen. Animieren Sie Ihre Klientin dazu, es sich ganz bequem zu machen. Gürtel und einengende Kleidung sollten geöffnet, Uhren, Ringe und Ketten am besten abgelegt werden. Da viele Menschen während einer Entspannungsreise frieren, sollten Sie Ihre Klientin anregen, sich zuzudecken.

Suchen Sie sich selbst einen bequemen Platz, an dem Sie sich wohlfühlen und von dem aus Sie gut zu hören sind. Stellen Sie sich etwas zu trinken bereit, damit Sie Ihre Stimme »ölen« können, wenn dies notwendig wird. Lassen Sie dann Ruhe einkehren, und beginnen Sie die Reise.

Sie können die Texte ablesen oder auch frei sprechen. Reden Sie langsam. Lassen Sie Ihren eigenen inneren Film mit ablaufen, damit Sie Ihre Klientin nicht verlieren. Schwingen Sie sich auf sie ein, stimmen Sie Ihren Atemrhythmus aufeinander ab, sodass Sie tatsächlich eine gemeinsame Reise durchführen, aber jeder in seinen eigenen Bildern reist.

Zur Liegeposition: Klassischerweise liegt die Klientin auf dem Rücken, die Arme locker neben dem Körper, die Handflächen zeigen nach oben. Es ist auch möglich, die Hände einfach auf den Bauch zu legen. Achten Sie darauf, dass weder Finger noch Füße verschränkt werden, damit die Energie frei fließen kann. Selbstverständlich können Fantasiereisen auch in bequemer Sitzhaltung durchgeführt werden. Beachten Sie dabei, dass die Füße fest auf dem Boden stehen und die Wirbelsäule aufrecht und gerade ist.

Bedeutung des Fettdruckes und der Gedankenstriche in den Fantasiereisen

In den Tranceinduktionen habe ich für die s.g. Prozessworte den Fettdruck gewählt. Dies soll Sie daran erinnern, dass diese Worte besondere Sogkraft auf Ihre Klientin haben und entsprechend lang gezogen gelesen werden sollten. Bitte betonen Sie aber nichts besonders, wechseln Sie nicht in eine andere Stimmlage, und sprechen Sie auf keinen Fall lauter. Die Gedankenstriche dienen Ihnen dazu, der Klientin Pausen einzuräumen, in denen sie die inneren Bilder oder Gefühle entwickeln kann, die durch die gelesenen Passagen ausgelöst werden. Mehrere Gedankenstriche bedeuten demzufolge einfach längere Pausen.

Die Absätze zeigen Ihnen die Übergänge von der Tranceinduktion zum sicheren Platz, dann zur eigentlichen Reise und zum Herausführen aus der Reise. So wissen Sie immer, in welcher Phase der Reise Sie sich gerade befinden.

Die sprachliche Gestaltung:

Gerne möchte ich hier noch einen weiteren Punkt der sprachlichen Gestaltung ansprechen, der oft zu Irritationen führt. Die meisten Fantasiereisen haben nur ganz am Ende der Reise einen Punkt, ein Satzende. Die einzelnen Wörter und Sätze hängen wie Bandwürmer aneinander. Dies ist gewollt. Bitte versuchen Sie nicht, die deutsche Grammatik anzuwenden. Durch diese Art der Satzgestaltung wird die Entspannung mehr und mehr induziert. Oft ist der Satzaufbau auch in sich nicht gerade logisch.

Beispiel:
Während du meiner Stimme zuhörst und fühlst, wie dein Kopf die Unterlage berührt – kannst du tiefer sinken – indem du mehr und mehr abgibst – und dies bewirkt, dass du dich frei erlebst – weil es sich gut anfühlt –

Wie Sie feststellen können, hat der erste Teil des Satzes eigentlich nichts mit den weiteren Teilen zu tun, und trotzdem bewirkt diese Art der Formulierung, dass der Klient innerlich zu allem Ja sagt und den Anweisungen einfach folgt.

Diese Form der Sprache ist der Hypnose nach Milton Erickson entlehnt und bewirkt, dass das Bewusstsein verwirrt wird, und die Botschaften dadurch unzensiert ins Unterbewusstsein gelangen.

Durch **Verallgemeinerungen (V)**, **Vergleiche (VG)**, **Möglichkeiten (M)**, die Verwendung **unbestimmter Artikel (u. A.)** und **Nominalisierungen (N)** erreiche ich, dass die Klientin den Worten ihre eigene Bedeutung gibt:

Alle (V) Geräusche tragen dazu bei, dass du, wie früher (VG) auch schon, loslassen kannst (M), um die Entspannung (N) einige (u. A.) Augenblicke oder viele (u. A.) Minuten lang zu genießen.

Die Klientin hat dann die innere Freiheit, zu entscheiden, ob sie den Möglichkeiten Folge leistet und wie genau sie Entspannung für sich definiert.

Mit der Stimme die Seele berühren:

Erinnern Sie sich, sicher haben Sie schon Kindern Märchen vorgelesen oder Geschichten erzählt. Wie haben Sie da Ihre Stimme eingesetzt? Es geht darum, die Seele der Menschen mit Klang zu berühren. Einen Großteil der Wirkung erreichen Sie durch das Spiel mit Ihrer Stimme.

Die anfänglichen Instruktionen hinsichtlich der Liege- oder Sitzposition sprechen Sie noch mit Ihrer normalen Alltagsstimme. Danach verändern Sie Ihre Sprache in der Tonlage (tiefer werdend), in der Geschwindigkeit (langsamer werdend), in der Lautstärke (leiser werdend) und in der Modulation. Spielen Sie mit Ihrer Stimme und mit den Prozesswörtern. Dehnen Sie einzelne Wörter. Sprechen Sie die Instruktionen immer beim Ausatmen Ihrer Klientin.

Achtung: Ein zu langsames Sprechen gibt es fast nie, oft aber ein zu schnelles!!!

Üben Sie, und Sie werden Meisterin im Sprechen von Fantasiereisen:

- Lernen Sie Ihre Stimme kennen. Spielen Sie im Alltag mit ihr, führen Sie Gespräche mit unterschiedlichen Stimmeigenschaften. Finden Sie heraus, welche Möglichkeiten in Ihnen stecken.

- Lesen Sie sich selbst Fantasiereisen laut vor und experimentieren Sie auch dabei. Erfreuen Sie sich dabei an Ihrer eigenen Stimme und genießen Sie die Stimmung, die dies in Ihnen erzeugt.

- Sprechen Sie Fantasiereisen auf Band, damit Sie sich überprüfen können. Lassen Sie sich dann von Ihrer eigenen Stimme in Entspannung führen.

- Führen Sie Ihren Partner, Ihre Kinder oder Ihre Eltern in die Entspannung und lassen Sie sich von ihnen ehrliches Feedback geben. Was war gut? Was könnten Sie noch verbessern?

- Beachten Sie, dass Ihre Stimme beim Hineinbegleiten ruhiger, tiefer, langsamer und gedehnter wird und beim Herausbegleiten, aktiver, schneller, höher und lauter.

Welche Musik können Sie verwenden?

Die Musik ist bei Fantasiereisen sehr wichtig, sie muss zum Thema einer Reise passen. Stellen Sie sich vor, Sie führen Ihre Klientin auf eine Frühlingswiese und lassen dazu Meeresrauschen als Hintergrundmusik laufen. Oder Sie sind mit ihr im Weltraum unterwegs, und lustiges Vogelgezwitscher begleitet sie in die unendlichen Weiten …
Diese Beispiele machen deutlich, dass Sie vor den Reisen ganz gezielt und bewusst Ihre Musik zu jeder einzelnen Geschichte aussuchen müssen. Langsame Instrumentalstücke, die durchgängig sind und ca. 30 Minuten Laufzeit haben, eignen sich sehr gut für Fantasiereisen. Die Stücke sollten lang gezogene Tonpassagen haben, die die Zeitstruktur der linken Gehirnhälfte auflösen und helfen, Ihre Klientin in die Trance zu begleiten. Es gibt auch Musikstücke, die im Herzrhythmus aufgenommen sind, also pro Sekunde einen Takt haben. Diese Musik allein bewirkt schon Entspannung (sofern sie gefällt).

Hinweis:
Die Reisende hat die Wahl, inwieweit sie sich auf die Inhalte einlassen will. Sie kann jederzeit ihre Aufmerksamkeit auf Dinge richten, die Sie vielleicht gar nicht im Vordergrund sehen. Auch hat sie die Freiheit, ihre eigenen inneren Welten zu kreieren. Manche Klientinnen werden sich mehr von Ihren Worten, andere mehr von der Musik inspirieren lassen. Wieder andere gehen innerlich ihre eigenen Wege. Bitte akzeptieren Sie diese Freiheit der Einzelnen, und lassen Sie Ihrer Klientin ihre eigene Geschwindigkeit in der Umsetzung der Reisen.

Das Nachbearbeiten von Fantasiereisen

Sie können die Erlebnisse aus den Reisen mit der Klientin noch nachbearbeiten bzw. »auswerten«. Dabei ist es wichtig, dass es beim Besprechen kein »richtig« oder »falsch« gibt. Bitte vermeiden Sie jegliche Bewertung. Vielmehr ist es sinnvoll, viel zu akzeptieren, Anteil zu nehmen sowie aktiv und einfühlsam zuzuhören. Auf diese Weise wird die Integration des Erlebten gefördert.

Besprechen: Fragen Sie nach dem Erleben: »Wie war es? Konnten Sie gut folgen? Was genau haben Sie erlebt? Möchten Sie gerne darüber reden? Was haben Sie gefühlt oder vielleicht sogar gehört? Was war für Sie wichtig, angenehm oder vielleicht nicht so schön? Kennen Sie das aus Ihrem Leben?« Bitte achten Sie bei diesen Gesprächen darauf, dass Sie lediglich Zuhörerin sind und nicht interpretieren. Respekt und Empathie sind von großer Wichtigkeit und lassen der Klientin Raum, sich so weit zu äußern, wie sie es für richtig hält.

Schreiben: Lassen Sie sie das Erlebte in Worten ausdrücken. Das kann inhaltsgetreu sein, aber auch eine Metapher oder ein Märchen. Oder auch nur Assoziationen zu dem, was die Klientin gesehen und erlebt hat. Z. B. ein Ballonflug über Wälder, Felder und Seen – Freiheit, Angst, Großartigkeit, grün, Vögel, Himmel, Gott, Leichtigkeit usw.

Malen: Lassen Sie sie das Erlebte malen, damit es mit in den Alltag genommen werden kann. Erklären Sie ihr, dass es dabei nicht auf Schönheit oder naturgetreue Darstellung ankommt, sondern einfach nur der Ausdruck dessen, was erlebt wurde, wichtig ist. Positiver Nebeneffekt: Wenn Sie Wasser- oder Fingerfarben anbieten, werden oftmals Kindheitserinnerungen wach.

Tonarbeit: Lassen Sie Ihre Klientin z. B. das Hauptgefühl aus der erlebten Reise in den Ton hineinarbeiten. Dadurch intensiviert sich dieses Gefühl oft noch sehr stark. Diese Form der Nachbearbeitung eignet sich besonders, wenn beispielsweise ein Wert in der Reise verankert wurde. Das kann Mut, aber auch Stolz oder Selbstliebe etc. sein.

Collagen: Lassen Sie Ihre Klientin zu dem Erlebten eine Collage anfertigen. Dabei kann es sich z. B. um eine Zielcollage handeln, wenn die Reise eine Zielfindung oder eine Zielerreichung zum Inhalt hatte. Diese Collage sollte zu Hause an einem Platz aufgehängt werden, an dem sie öfter betrachtet werden kann, damit die Bilder weiterhin auf das Unterbewusstsein einwirken können.

Weiße Wand: Sie setzen sich Ihrer Klientin gegenüber und sind für sie »wie eine weiße Wand« (keine Mimik, Gestik, kein Gespräch), die Klientin erzählt, wie sie sich jetzt fühlt, was die Reise in ihr bewirkt hat oder welche Schlüsse sie aus dem Erlebten zieht usw. Sie kommentieren nicht, sondern lassen das Gesagte erst einmal wirken.

Wichtig: Was Eindruck macht, braucht Ausdruck! Deshalb unterschätzen Sie bitte nicht den Wert der Nachbearbeitung.

Wenn Sie therapeutisch arbeiten, können Sie natürlich all diese Nachbearbeitungsmöglichkeiten intensivieren und tiefer auf die Erlebnisse der Klientin eingehen. Auch steht es Ihnen frei, im Anschluss an die Fantasiereisen Interventionen aus Ihrem persönlichen »Handwerkskoffer« zu nutzen.[2]

---

2 Vielen Kolleginnen und Kollegen ist es möglich, die Reisen auch prozessorientiert (mit »POIA«) zu nutzen, d.h., an einem x-beliebigen Punkt einzusteigen und in einen direkten verbalen Dialog mit der Klientin überzuwechseln. All diejenige, die darüber gerne mehr wissen möchten, können gerne mit mir in Kontakt treten.

Besonderheiten, die während oder nach einer Fantasiereise auftreten können

Die Klientin schließt die Augen nicht

Manche Menschen haben Angst, dass sie die Kontrolle aufgeben, wenn sie die Augen schließen. Es ist nicht unbedingt notwendig, die Reise mit geschlossen Augen zu erleben. Viele Menschen können auch sehr gut mit offenen Augen visualisieren. Lassen Sie sie einfach gewähren, und schieben Sie vielleicht irgendwann noch einmal einen Satz ein wie z. B. »Und wenn die Augen sich nun schließen möchten, ist dies ganz in Ordnung – dies kann jetzt oder gleich geschehen – oder wann immer es richtig für dich ist –«

Die Klientin ist emotional sehr bewegt, weint vielleicht oder schluchzt sogar.

Berühren Sie sie sanft an der Schulter oder am Arm. Geben Sie ihr damit zu verstehen, dass Sie bei ihr sind und Verständnis haben. Verkürzen Sie die Reise gegebenenfalls, wenn die Emotionen zu heftig werden. Sprechen Sie auf alle Fälle mit ihr über ihre Erlebnisse.

Die Klientin bricht die Reise ab, weil sie auf die Toilette muss.

Kein Problem. Lassen Sie sie nach dem Wiederhinlegen einfach zwei oder drei Mal tief ein- und ausatmen. Knüpfen Sie dann wieder an der Stelle an, wo Sie vorher aufgehört haben.

Die Klientin ist offensichtlich eingeschlafen.

Viele Menschen wissen von sich, dass sie, sobald sie bequem liegen, leicht einschlafen. Meist wissen sie auch, dass sie dann schnarchen. Fragen Sie also einfach nach, wenn Sie mit einer neuen Klientin arbeiten: »Schlafen Sie leicht ein? Schnarchen Sie dann evtl. auch?« Falls das der Fall sein sollte, vereinbaren Sie mit ihr, dass Sie sie, sobald sie einschläft, leicht am Arm berühren und/oder einen sanften Zischlaut einfließen lassen werden.

Die Klientin ist eingeschlafen, ohne dass Sie es bemerkt haben, und beim Rückholen reagiert sie nicht auf Ihre Aufforderungen.

Für eine solche Situation gibt es mehrere Lösungsmöglichkeiten. Eine davon ist es, den Rückholtext ein zweites Mal, und zwar lauter und fordernder, zu sprechen. Eventuell können Sie dabei auch schon den Namen der Klientin mit einflechten. Sie können auch die Musik lauter stellen oder eine andere CD einlegen. Wenn Sie aufstehen und herumlaufen, bringen Sie durch Ihre Bewegung Aktivität in den Raum. Diese überträgt sich automatisch auf Ihre Klientin. Erst wenn all Ihre Bemühungen ohne Wirkung bleiben, streichen Sie ganz sanft über den Arm Ihrer Klientin, und geben Sie dadurch den Impuls zum Aufwachen.

Die Klientin sitzt Ihnen nach der Fantasiereise noch ziemlich benommen gegenüber.

Offensichtlich braucht sie noch Zeit, um wirklich im Hier und Jetzt anzukommen. Lassen Sie Ihre Klientin noch einmal die Hände ballen, sich dehnen und strecken. Eventuell soll sie sich kaltes Wasser über die Unterarme laufen lassen, damit der Kreislauf wieder voll in Gang kommt. Auch das kräftig mit den Fersen Aufstampfen lässt den Körper wieder wach werden.

Die Klientin kann mit dem Erlebten nichts anfangen, hat irgendwelche abstrusen Dinge gesehen oder gefühlt und ist entsprechend verunsichert.

Lassen Sie sich erzählen, was genau sie erlebt hat. Bewerten Sie nicht, sondern seien Sie einfach nur einfühlsam und verständnisvoll. Oft lösen sich eventuell auftretende Fragen bei der Nachbearbeitung fast von alleine auf. Falls nicht, fordern Sie Ihre Klientin einfach mal auf, »darüber zu schlafen« und auf ihre Träume zu achten. Bieten Sie ihr an, dass sie Sie ggf. wieder anrufen kann.

Fantasiereisen

Finde deinen sicheren Platz

Ich schenke meinem Körper liebevolle Aufmerksamkeit.

Ziel der Reise:	den Körper bewusst wahrnehmen, alles loslassen, was belastet und anschließend den sicheren Platz finden und etablieren Für alle weiteren Reisen steht dann dieser Ort immer zur Verfügung.
Dauer der Reise:	ca. 20 Minuten
Symbolik:	Sicherer Ort = Schutz
Musikbegleitung:	*Frühlingsmorgen* von Arnd Stein
Nachbearbeitung:	die Reise besprechen und den sicheren Ort malen

Mache es dir nun wieder ganz bequem auf deiner Unterlage – die Arme dürfen locker neben dem Körper liegen oder sanft auf dem Bauch – auch deine Beine liegen einfach nebeneinander – während du auf deinen Atem achten kannst, um zu spüren, wie er **kommt** und **geht** – und mit jedem Ausatmen darfst du dir erlauben, das auszuatmen, was du gerade nicht brauchst – und mit jedem Einatmen dürfen **Ruhe** und **Entspannung** einziehen – indem du fühlst, wie dein Atem langsam seinen eigenen Rhythmus findet –

womöglich ziehen deine Gedanken wie weiße Wölkchen am Himmel vorbei – dadurch, dass du deine Aufmerksamkeit nun in deine Beine verlagerst – und indem du mit deiner Aufmerksamkeit in deine Beine gehst, spürst, wie diese hier auf der Unterlage liegen – kannst du **loslassen**, was du abgeben möchtest – weil du weiter nach oben spürst, in dein Becken – wahrnimmst, wie es sich anfühlt – wie diese Entspannung, dieses **Loslassen,** dieses **Gelöstsein** weitergeht – ganz von alleine – während deine Aufmerksamkeit höher steigt, in deinen Bauch, in deinen Brustkorb – und indem du diese Gefühle wahrnimmst, kannst du auch hier spüren, was du abgeben möchtest – dadurch, dass du weiter hineinspürst in deinen Rücken – um wahrzunehmen, wo er die Unterlage berührt – und während du das spürst, kannst du schon **loslassen** und **entspannen** – vielleicht sogar schon erleben, wie dein Körper **weicher** wird – **weiter** – **warm** und **weit** vielleicht – und dann weiter hineinspüren in deine Arme – wie Sie die Unterlage berühren – während du weiter abgibst, an die Unterlage abgibst, was du dieser anvertrauen möchtest – kannst du erleben, wie deine Aufmerksamkeit in deine Schultern geht – indem du weiter hineinspürst, wie sie **weicher** und **lockerer** werden – und du diesen Zustand genießen kannst – bis dies ganz von alleine weitergeht, kannst du deinen Kopf wahrnehmen – und wo dein Kopf das Kissen berührt – und was du auch hier abgeben kannst – **loslassen** kannst – während du weiter hineinspürst in dein Gesicht – deine Stirn **weicher** wird – deine Augenbrauen **leicht** werden – die Muskeln um deine Augen **loslassen** können – die ganze Wangenmuskulatur ganz **weit** und **weich** – und dein Kinn, wie es sich entspannen kann – all das kann dein Körper ganz allein für dich tun, während du hier liegst und deine Gedanken kommen und gehen können – wie eine Welle – und du mit jedem Ausatmen ein kleines bisschen mehr **loslässt** – ein kleines bisschen **tiefer** sinkst – dich der Unterlage anvertraust – so wie jede Nacht – kann dein Geist hellwach sein und nach innen gehen, in die Welt deiner Bilder und Gefühle –

sodass du dich an einen Ort begeben kannst, an dem du dich wohl und sicher fühlst – und es ist nicht wichtig zu wissen, auf welche Art und Weise du diesen Ort findest – und wie genau du dorthin gelangst – es ist auch nicht notwendig zu verstehen, wie all dies geschehen kann – dein Unterbewusstsein wird einfach dafür sorgen, dass du deinen Platz der Sicherheit findest – das kann ein Ort in der Natur sein, in den Bergen vielleicht, oder am Meer – – vielleicht auf einer Wiese oder im Wald – – es kann auch ein Ort in dir selbst sein – – oder ein Platz, den du vorher noch nie gesehen hast – – einfach ein sicherer Ort – der dir Schutz und Kraft bietet – wer weiß schon genau, was sich deinen Augen hier alles bietet – sodass du wahrnehmen kannst, was dich umgibt – schau genau hin – lass deinen Blick einfach umherschweifen – sodass du jede Nuance, jede Besonderheit wahrnehmen kannst – und was immer du auch siehst, es kann dazu beitragen, das Gefühl der Sicherheit zu verstärken – sodass es dir möglich wird, noch mehr zu erblicken, und dir hilft, diesen Platz als sicheren Ort zu erkennen – wärst du sehr erstaunt, wenn es hier auch ganz besondere Düfte gäbe? – Düfte, die dich fühlen lassen, dass dieser Ort wirklich dein sicherer Platz ist – und noch während du schnupperst, kannst du möglicherweise die typischen Geräusche um dich herum wahrnehmen – Geräusche, die du nur von diesem Ort hier kennst – und die bewirken, dass Gefühle von Aufgehobensein und Geborgenheit entstehen – und du spüren kannst, wie diese Empfindungen mehr werden – sich einfach ausbreiten – auch ohne dass du irgendetwas dazu beiträgst – Gefühle, die sich fast nicht beschreiben lassen und dazu führen, dass du dich niederlässt, hier an diesem sicheren Ort – dich niederlässt, um alles um dich herum noch mehr auf dich wirken zu lassen – und diese Empfindungen aufzusaugen, mit jeder Faser deines Seins – denn hier steht dir alles zur Verfügung, was du brauchst, um auf den Schwingen der Fantasie zu reisen – manche Menschen haben hier Schutzengel – Erzengel Michael vielleicht oder auch Gabriel – andere haben eine Verbindung zu ihrem Höheren Selbst – und für wieder andere stehen unsichtbare Helfer bereit, um mit ihnen zu gehen und sie zu lenken, zu leiten und zu schützen – es ist völlig in Ordnung, wenn du mit diesem sicheren Gefühl in deine Bilder und Gefühle eintauchst, bis meine Stimme dich wieder erreicht – – –

und langsam wird es Zeit, wieder ins Hier und Jetzt zurückzukommen – die Bilder verblassen, lösen sich einfach auf – und du darfst dich in dem Bewusstsein verabschieden, dass du immer wieder an deinen sicheren Ort zurückkommen kannst, wann immer du willst – gestärkt und ausgeruht ist es dir wieder möglich, kräftiger ein- und auszuatmen – sodass du langsam deinen Körper wieder wahrnehmen kannst – die Füße, und wie die Fersen die Unterlage eindrücken – die Beine und das Becken, wie sie hier so liegen – und auch den Rücken, die Arme und die Hände – die sich jetzt vielleicht schon etwas bewegen wollen – und dies auch tun, während sich deine Aufmerksamkeit auf deinen Atem richtet – und du noch einmal kräftig ein- und ausatmest – und dabei wacher und frischer wirst – und die Bewegungen deiner Hände weiter fortsetzt in deine Arme und nun auch in deine Beine – und du dich nun dehnst und streckst und mit deiner Aufmerksamkeit hierher in diesen Raum zurückkommst – die Geräusche um dich herum wieder anders wahrnimmst – und dann einfach deine Augen öffnest –

……………………………………………………………………………………

Die Wiese

Ich öffne mich der Kraft der Stille und schöpfe daraus.

Ziel der Reise:	tiefe Entspannung Ruhe und Harmonie finden
Besonderheit:	Die Einleitung ist recht lang, da für diese Reise die Methode der Progressiven Muskelrelaxation benutzt wird. Diese hilft besonders denjenigen, die erst über die Anspannung in die Entspannung finden können.
Dauer der Reise:	ca. 20 Minuten
Symbolik:	Wiese = momentaner Seelenzustand Blumen = Ausdruck von Gefühlen
Musikbegleitung:	*Frühlingsmorgen* von Arnd Stein
Nachbearbeitung:	Mandala malen lassen

Mache es dir auf deiner Unterlage wieder ganz bequem – lege dich so hin, dass du diese Position als angenehm empfindest – und achte darauf, dass du tief durchatmen kannst – dass dich kein Gürtel kneift und du dich wohlfühlst – dann erlaube dir, ganz sanft deine Augen zu schließen – und spüre einen Augenblick in dich hinein – mit diesem Zu-dir-Kommen nimm auch wahr, welche Geräusche und Gerüche dich umgeben – und integriere all dies in deine Entspannung – bemerke dabei, wie du mehr und mehr zur **Ruhe** kommen kannst – während du dann deine Hände zu

Fäusten ballst und sie ganz fest anspannst – bemerke die Anspannung, wie diese wächst und sich ausdehnt über die Unterarme – Oberarme – bis hin zu den Schultern – und nun **lasse los** – öffne deine Fäuste und spüre, wie Entspannung sich ausbreitet, wie eine Welle – während du diese Entspannung wahrnimmst, nimmst du vielleicht wahr, wie deine Arme **weicher** und **lockerer** werden – und dann wiederhole – Fäuste ballen – anspannen – **entspannen** – nimm wahr, wie diese Anspannung und Entspannung deinen Atemrhythmus beeinflusst – und du **ruhiger** und gleichmäßiger atmest – während du **gelöst** und **locker** auf deiner Unterlage liegst – ziehe die Zehen beider Füße kräftig in Richtung Kopf – spanne dabei die Muskulatur deiner Unterschenkel und Oberschenkel kräftig an – und drücke dein Gesäß fest auf die Unterlage – wenn du deinen Po zusammenkneifst – spüre die Anspannung – und lasse ganz bewusst **los** – bemerke, wie eine Welle der Entspannung durch deine unteren Körperteile fließt – und dein Atem **ruhig** und gleichmäßig kommt und geht – und nun wiederhole dieses Anspannen – Halten – und **Loslassen** – genieße den Zustand des **Loslassens** – spüre, wie Wärme und Leichtigkeit dich durchströmen – jetzt spanne deine Bauchmuskeln an – presse dabei deinen Rücken ganz fest auf die Unterlage – atme währenddessen **ruhig** und gleichmäßig – nimm wahr, wie fest dein ganzer Rumpf sich anfühlt – und nun entspanne dich – und **lasse los** – atme ganz **tief** ein – und aus – und genieße diese **Ruhe**, die einkehrt und dich trägt – und nun, wiederhole – anspannen – **entspannen** – **loslassen** – konzentriere dich nun auf deine Schultern – ziehe beide Schultern hoch bis zu den Ohren – spanne sie so an, dass auch dein Nacken angespannt ist – und atme währenddessen **ruhig** weiter – spüre diese Anspannung – und lasse ganz bewusst

los – einfach **loslassen** und **genießen** – und wiederhole auch dieses Anspannen – Entspannen – die Anspannung nun in deinen Kopf – presse den Kopf fest auf die Unterlage – während du deine Stirn in Falten legst – deine Augen fest zukneifst – deine Nase rümpfst – und deine Lippen fest zusammenpresst – beiße die Zähne aufeinander – und drücke deine Zunge fest an den Gaumen – und währenddessen ganz bewusst und **ruhig** atmen – spüre die Anspannung – und **lasse los** – ganz bewusst **loslassen** – nimm wahr, wie die Entspannung sich auch hier ausbreitet – und genieße dieses Gefühl – und noch einmal anspannen – und entspannen – zum Abschluss spanne die Muskulatur deines ganzen Körpers noch mal ganz fest an – Füße – Beine – Becken – Rücken – Bauch – Arme – Nacken – Kopf – spüre die Anspannung – und **lasse los** – fühle, wie dein Körper sich nun anfühlt – wie **wohlige** Schwere oder Leichtigkeit ihn in die Unterlage drücken oder ihn abheben lassen – wie dieses **Losgelöstsein,** dieses Entspanntsein sich ausdehnt – und **genieße** – –

und während du so genießt, tauchen vor deinem inneren Auge Bilder auf – Vorstellungen von einem Ort, an dem du dich sicher und geborgen fühlst – schaue dich dort in Ruhe um – nimm wahr, welche Geräusche um dich herum sind – welche Empfindungen du dort hast – dies ist dein sicherer Platz, von dem aus du auf Reisen gehen kannst –

eine Reise zu einer Wiese – die am Anfang vielleicht etwas unscharf wahrzunehmen ist – doch nach und nach immer klarer wird – eine saftiggrüne Frühlingswiese – und auf so einer wunderschönen Wiese zu sein – von der Sonne gewärmt und von einem milden Wind umschmeichelt

– während am Himmel vereinzelt weiße Wölkchen entlangziehen – und das muntere Zwitschern von Vögeln überall zu hören ist – bewirkt, dass du über die Wiese gehen magst und überall bunte Frühlingsblumen sehen kannst – das Gras und die Blumen wiegen sich sanft im Wind – und das strahlende Weiß der Gänseblümchen leuchtet fast wie die Sonne – ebenso wie das helle Gelb der Dotterblumen – blaues Vergissmeinnicht blinkt durch das Grün der Wiese – während sich Blumen in allen nur denkbaren Farben hier ein Stelldichein geben – der Duft auf dieser Wiese ist unbeschreiblich intensiv – und ihn tief einzuatmen führt dazu, dass Kraft und Energie sofort spürbar werden – du spürst einen warmen Energiestrom durch den Körper fließen – in dem gleichzeitig Gefühle von Freiheit, Kraft und Sicherheit wahrnehmbar werden – es sind Empfindungen von Ruhe, Stärke und Harmonie, die sich mehr und mehr ausbreiten können – je länger du über eine solche Frühlingswiese wanderst – weit weg vom Alltag kannst du Kräfte sammeln – – und ganz bei dir sein – abschalten und alles geschehen lassen – die Gedanken einfach ziehen lassen – um zu spüren, dass man lediglich ein bisschen Abgeschiedenheit, ein wenig Natur braucht, um sich erholt und ausgeruht zu fühlen – und du weißt, dass du jederzeit hierher kommen kannst, um aufzutanken – zu entspannen und zu genießen – mit diesem Wissen ist es dir ein Leichtes, dich bei der Frühlingswiese zu bedanken, die dir all dies geschenkt hat – und dich von ihr zu verabschieden –

sodass deine inneren Bilder einfach verblassen – und du wieder zu deinem sicheren Platz zurückkehren kannst – um dich zu verabschieden – und mehr und mehr ins Hier und Jetzt zurückzukehren – vielleicht spürst du schon, dass sich ein Körperteil bewegen möchte – die Hände vielleicht, oder die Füße – und wenn du magst, kannst du diese Bewegungen unterstützen, indem du zuerst sanft, dann immer fester deine Hände zu Fäusten ballst oder deine Zehen anziehst – deinen Körper auf der Unterlage dehnst und streckst und dabei immer mehr zurückkommst – weil du deinen Körper fest anspannst und wieder loslässt – kannst du ganz ankommen und deine Augen öffnen – jetzt

....

Die Quelle

Ich kann ruhig und gelassen bleiben in dem sicheren Wissen, dass alles seine Zeit hat.

Ziel der Reise:	loslassen von allem Belastendem auftanken von Energie und Kraft
Dauer der Reise:	ca. 15 Minuten
Symbolik:	Bach = Fließen der Zeit und der Gefühle Quelle = Beginn des Lebensstroms
Musikbegleitung:	*Spaziergang am Bach* von Martin Buntrock und Gerald Paetsch
Nachbearbeitung:	besprechen und/oder die Quelle malen lassen

Mache es dir auf deiner Unterlage ganz bequem – rücke dich so zurecht, dass es wirklich angenehm ist, wie du hier so liegst – die Beine nebeneinander, die Arme locker neben dem Körper – dann erlaube dir, sanft deine Augen zu schließen – und drei bis vier Mal tief ein- und auszuatmen – **tief** in den Bauch einzuatmen bewirkt, dass sich die Bauchdecke wölbt – dann atme **ganz** aus, und spüre, wie sich die Bauchdecke senkt – mit jedem Einatmen können **Ruhe** und Gelassenheit einströmen – mit jedem Ausatmen kann alles **losgelassen** werden, was du abgeben möchtest – sodass du dir dann vor deinem inneren Auge einfach eine Treppe vorstellen kannst – eine dir bekannte oder eine Fantasietreppe – die du einfach betreten kannst, um sie Stufe um Stufe hinaufzusteigen – während ich für dich von eins nach zehn zähle – eins – mit jedem Schritt, den du gehst, **ruhiger** und **entspannter** werden – zwei – Stufe um Stufe gehen und dabei **loslassen** – drei – einfach **tiefer** sinken – vier – ein Gefühl von **Leichtigkeit** oder **Schwere** wahrnehmen – fünf – einfach frei fühlen – nach sechs – und dabei **tiefer** sinken – nach sieben – beschwingt und **frei** – acht – **gelöst** und **ruhig** – nach neun – und **tiefer** – nach zehn – und dann, wenn du bei zehn angekommen bist – auf der letzten Treppenstufe angekommen bist – –

kannst du dir einen Ort vorstellen, an dem du dich ganz geborgen und sicher fühlen magst – einen Ort, der dir Schutz und Kraft bietet – und indem du dich dort ganz genau umschaust – kannst du wahrnehmen, was es wahrzunehmen gibt – von diesem sicheren Ort aus, begib dich auf eine Reise –

eine Reise auf eine Wiese, von der aus ein Bächlein sein Rauschen verbreitet – und wenn du diesem Rauschen, diesem Plätschern entgegengehst, können Gräser ganz sachte an deinen nackten Beinen kitzeln – während das Summen und Brummen von Bienen in der Luft zu vernehmen ist – den Bach in der Sonne glitzern zu sehen – bewirkt, dass du den lauen Wind, der sanft durch deine Haare streift, kaum bemerkst – und am Bächlein angekommen, lässt du dich sogleich an der Böschung nieder – schaust dem munteren Wasser zu, wie es fröhlich über große Steine hüpft – kleine Wellen schlägt und hier und da Strudel bildet – fast scheint es, als ob das Bächlein eine Melodie singt, die du einfach aufnehmen und leise mitsummen kannst – während du aufstehst und dem Bachlauf entgegen der Strömung folgst – und dabei immer wieder an Hindernisse gelangst, die du auf deine ganz eigene Art und Weise überwinden kannst – wie auch das Bächlein diese überwindet – schmaler und schmaler wird das Bachbett, bis es schließlich an der Quelle endet und anfängt – überrascht und neugierig diese Quelle bestaunend, kannst du erkennen, dass hier alles begonnen hat – hier nimmt das Bächlein seinen Anfang, und deshalb schaust du dich hier ganz genau um, nimmst die Farben wahr – die Umgebung – das Licht – hörst die Geräusche, die das Wasser verursacht – und streckst deine Hände aus, um von diesem Wasser zu kosten – und während du trinkst, fällt alles Belastende von dir ab – jeder Schmerz, jede Trauer – Einsamkeit vielleicht – oder Schwermut – Sorgen oder Mühsal – das Wasser reinigt dich von all diesen Gefühlen – es nährt und stärkt dich, gibt dir Zuversicht und Mut – Freude und Schwung – sodass du dich leicht und frei fühlen kannst – voller Tatkraft und Elan – belebt durch diese Gefühle und in dem Bewusstsein, dass du dieses Erleben immer wieder in dir wachrufen kannst –

begibst du dich wieder zurück zu deinem sicheren Platz – bedankst dich für die Erfahrungen, die du machen durftest – und lässt langsam die Bilder verblassen – sie einfach in den Hintergrund treten zu lassen bewirkt – dass du zurück an die Treppe gelangst – auf der du Stufe um Stufe wieder zurückkehrst – von fünf nach vier – und mit jedem Schritt, den du gehst, wirst du wacher und frischer – atmest dich nach drei – kräftig ein- und ausatmen nach zwei – bewegst deine Hände und Füße nach eins – dehnst und streckst dich – und bist wieder ganz im Hier und Jetzt –

Die Ballonfahrt

Im Vertrauen auf das Leben
erweitere ich meine Möglichkeiten.

Ziel der Reise:	Sorgen, Ängste, Nöte und Ballast loslassen, um Frieden und Harmonie zu finden, damit sich neue Wege und Möglichkeiten zeigen können und neue Ideen Raum erhalten
Dauer der Reise:	ca. 15 Minuten
Symbolik:	Ballon = Überblick verschaffen, Freiheit
Musikbegleitung:	*Flugtraum* von Walter Berger
Nachbearbeitung:	die Reise besprechen

Und wieder kannst du es dir ganz bequem machen – dich auf deiner Unterlage zurechtrücken – um diesen Zustand der Entspannung, den du schon so gut kennst, zu erwarten – und noch während du wartest, kannst du alle Geräusche, die du von außen wahrnimmst, dazu benutzen, dich diesem Zustand zu nähern – indem du meiner Stimme zuhörst – die gleich von zehn nach eins zählen wird – kannst du dir erlauben, **loszulassen** – um diesen Punkt in dir auszumachen, den du heute für dich erreichen möchtest – und während du **loslässt** – von zehn nach neun tiefer sinkst – spürst du, wie **Ruhe** und Ausgeglichenheit dich nach acht bringen – um dieses wohlige und entspannte Gefühl nach sieben zu tragen – nach sechs

– zu mehr Harmonie und Stille – fünf – einfach **tiefer** sinken – nach vier – **weicher** werden – **weicher** und **weiter** vielleicht – nach drei – einfach **geschehen** lassen nach zwei – **gelöst** und **frei** nach eins – und wenn du nun deinen tiefsten Punkt für heute erreicht hast – hast du jetzt Zeit für dich – Zeit, um dich auf eine Reise zu begeben –

eine Reise, die dich zuerst an deinen sicheren Platz führt – wo du Hilfe und Schutz erhalten kannst – wenn du darum bittest – schaue dich hier einfach ein wenig um, um wahrzunehmen, was für dich wichtig ist – bevor du mit diesem Gefühl der Sicherheit auf Reisen gehst –

und auf deine ureigenste Art und Weise zu einer großen Wiese gelangst – der wunderschöne Tag kann dich dazu animieren, einfach nur so dazustehen und in den Himmel zu schauen – in das unendliche Blau der großen Weite – während ein milder Luftzug sanft über dein Gesicht streift – umschmeichelt Vogelgezwitscher deine Ohren – die Luft hat einen milden Geschmack von Sommer – und der Geruch von frisch gemähtem Gras steigt dir immer wieder in die Nase – ganz weit entfernt am Horizont, fast nicht sichtbar, kannst du einen dunklen Punkt wahrnehmen, der sich dir nähert – und während dieser Punkt dichter herankommt und größer wird – kannst du erkennen, dass es ein bunter Heißluftballon ist – ein Ballon, der immer näher und näher kommt – und je näher er kommt, desto tiefer sinkt er – immer näher und dabei tiefer sinkend – bis er vor dir, mitten auf der Wiese landet – ein wunderschöner, riesengroßer bunter Heißluftballon – mit einem Korb daran für die Ballonfahrer – etwas in dir lässt dich neugierig näher herangehen – um dir den Ballon genauer anzuschauen – da dringt ein Hallo an dein Ohr – jemand aus dem Korb ruft dir etwas zu – winkt dir freundlich – und lädt dich zum Mitfahren ein – vielleicht zögerst du anfangs ein wenig – doch dann kletterst du aufgeregt und freudig in den Korb – kaum hast du es dir bequem gemacht, kannst du wahrnehmen, wie der Ballon abhebt – spürst, wie er sanft nach oben schwebt – die heiße Luft einer Gasflamme strömt in die Ballonhülle – füllt ihn prall – und lässt ihn höher und höher steigen – sodass du erkennen kannst, wie du nach oben getragen wirst – ganz sanft, immer höher und höher – sachte schaukelt der Korb im Wind – und mit dem Wissen, dass du jederzeit wieder festen Boden unter die Füße bekommen kannst, genießt du die Leichtigkeit des Schwebens – während ein angenehmes Prickeln sich in deinem Bauch ausbreitet – fühlst du dich getragen und sicher, frei und unbeschwert – gleichzeitig spielt der Wind mit deinen Haaren – und dabei wird die Landschaft unter dir kleiner und kleiner – die Häuser – die Bäume – die Menschen – während alles kleiner wird, bemerkst du, wie auch all deine Sorgen, Ängste und Nöte kleiner und kleiner werden – wie Ruhe und Gelassenheit dich durchströmen – lautlos fliegt der Ballon dahin – immer weiter in den blauen Himmel hinein – je weiter er fliegt, desto mehr lässt du los – all deine Sorgen, Kümmernisse und Befürchtungen – zeit- und schwerelos ist es dir möglich, die absolute Freiheit zu genießen – während du dich ganz leicht fühlen kannst – und vertrauensvoll in den blauen Himmel schaust – spürst, wie Ruhe und Harmonie, Frieden und Ausgeglichenheit sich in dir ausbreiten – in dieser friedlichen Stimmung ist es dir möglich, dein Leben zu überdenken – die letzten Monate Revue passieren zu lassen – um Veränderungen zu planen, die notwendig – um Möglichkeiten zu erwägen, die erforderlich sind – – lass dich überraschen, wie einfach sich Ideen und Impulse einstellen – weil dein Geist entspannt und deine Seele ruhig ist – wie leicht sich Verbesserungen und Fortschritte planen lassen – weil du entlastet und gelöst bist – – müde von all den vielen innerlichen und äußerlichen neuen Eindrücken, legst du dich auf den Boden des Korbes und schläfst ein – – während der Ballon weiterfliegt und dich sicher zurück auf deine Wiese trägt – – – wo er ganz ganz sanft landet – durch den kleinen Ruck beim Aufsetzen wachst du auf – kommst langsam wieder zu dir –

und begibst dich auf deinem Weg und in deiner Geschwindigkeit wieder zurück zu deinem sicheren Platz – dort kannst du dich bei all denen bedanken, die dich womöglich auf deiner Reise begleitet haben – – und mit einem kräftigen Atemzug bringst du wieder Wachheit und Frische in deinen Körper – und während ich nun von eins nach fünf zähle – kommst du langsam wieder ganz ins Hier und Jetzt zurück – eins – bewege deine Hände und Füße nach zwei – dehne und strecke dich nach drei – rekle dich auf deiner Unterlage nach vier – kräftig ein- und ausatmen nach fünf – um dann, in deiner eigenen Geschwindigkeit, die Augen zu öffnen – und wieder hier zu sein –

Der See im Obsthain

Ich vertraue auf die Kraft der Natur
und lasse mich von der Erde tragen.

Ziel der Reise:	Belastungen abgeben Kraft und Energie tanken
Dauer der Reise:	ca. 20 Minuten
Symbolik:	Wiese = Seelenlandschaft See = Gefühle Sonne = Lebensfreude Erde = Mutter Obst = Früchte des Lebens, genährt sein Baum = Erdung, Schutz, Beständigkeit
Musikbegleitung:	*Musikalische Traumpfade* von Sylvia Bieber
Nachbearbeitung:	Symbol für Kraft und Stärke malen lassen

Mache es dir ganz bequem auf deiner Unterlage – die Arme liegen neben dem Körper oder locker auf dem Bauch – auch deine Beine liegen einfach nebeneinander – während du auf deinen Atem achtest und spürst, wie er **kommt** und **geht** – und während er von ganz alleine **kommt** und **geht** – darfst du einen Zustand der Entspannung erwarten – und indem du wartest, ist es dir möglich, alle Geräusche, die du von außen wahrnimmst, dazu zu benutzen, dich diesem Zustand näher zu bringen – weil du einfach meiner Stimme zuhörst – die gleich von zehn nach eins zählen wird, kannst du dir erlauben, **loszulassen** – um diesen Punkt in dir auszumachen, den du heute für dich erreichen möchtest – und während du **loslässt** – von zehn nach neun **tiefer** sinkst – spürst du, wie **Ruhe** und Ausgeglichenheit dich nach acht bringen – um dieses **wohlige** und entspannte Gefühl nach sieben zu tragen – nach sechs, zu mehr Harmonie und Stille – fünf, einfach **tiefer** sinken – nach vier, **weicher** werden – **weicher** und **weiter** vielleicht – nach drei – einfach **geschehen lassen** nach zwei – **gelöst** und **frei** nach eins – und wenn du nun deinen tiefsten Punkt für heute erreicht hast – hast du jetzt Zeit für dich – Zeit, um dich auf eine Reise zu begeben – nach innen zu gehen, in die Welt deiner Bilder und Gefühle –

wo es sicher ist und angenehm – wo du Freunde hast, die dich unterstützen und schützen – die dir helfen, wenn du sie darum bittest – und wenn du bereit bist, loszulassen – alte Spannungen einfach loszulassen – kannst du dich deinen Wahrnehmungen hingeben –

kannst deinen Blick über eine weite, sonnenüberflutete Wiese schweifen lassen – goldgelbes Gras, soweit dein Auge reicht – ein Meer aus Gras, das der sanfte Wind leicht kräuselt – die Halme neigen sich wie Wellen, biegsam und geschmeidig – und du kannst den Lufthauch spüren, der auch dein Gesicht berührt – der deine Haare tanzen lässt und deine Kleider bewegt – ein sanfter Luftstrom, der alles Alte und Belastende fortweht – jede Zelle deines Körpers spüren lässt, wie Befreiung und Losgelöstsein mehr werden – während du weiter durch das kniehohe Gras streifst – und an einen warmen, klaren See gelangst, der von hohem Schilf umgeben ist – und das spiegelnde Wasser dich zum Baden einlädt – sodass du schnell deine Kleider ablegst und ins erfrischende Nass des Sees eintauchst – während kleine, sanfte Wellen deinen Körper umspülen – ihn streicheln und alles forttragen, was du loswerden willst – kannst du dich der Zärtlichkeit des Wassers anvertrauen – und dich träge auf dem Rücken dahintreiben lassen – fast scheint es, als ob das Wasser deinen ganzen Körper durchdringt – dein Innerstes erreicht und durch dich hindurchfließt – während du spüren kannst, wie dein Wesen heil wird, sich erneuert und du rein und durchlässig wirst – und während nur das leichte Glucksen des Wassers an dein Ohr dringt – kannst du diesen Zustand genießen, bis meine Stimme dich wieder erreicht – – – entspannt und gelöst ans Ufer zurückwatend, kannst du dich in einem kleinen Obsthain auf die warme, glatte Erde legen – unter einen großen, Schatten spendenden Baum – und noch während du trocknest, ist es dir möglich, die Kraft, die von der Erde ausgeht – und sich in deinem Körper auszubreiten vermag, zu spüren – wie die Wurzeln des Baumes ihn mit Energie versorgen, so versorgt dich Mutter Erde jetzt mit Energie – und du tauchst ein in ein Universum von Empfindungen – spürst, wie eine endlose Quelle von Zuversicht und Stärke dich mehr und mehr nährt – dich mit allem versorgt, was du brauchst – während du die wohltuenden und belebenden Düfte von Äpfeln, Birnen und Pflaumen tief einatmest, die der Wind in deine Nase weht – und immer mehr kannst du wahrnehmen, dass du ein Kind der Erde bist – die dich trägt und hält – dich unterstützt und für dich sorgt – und während du so gestärkt daliegst, die Sonne dich liebkost und wärmt, ist es dir möglich, sie tiefer in dich eindringen zu lassen – dich ganz durchdringen zu lassen – du nimmst die Wärme tief in dich auf und merkst, wie diese Energie durch deinen gesamten Körper fließt – dich kräftigt und deinen Körper erfrischt – jede Zelle – erneuert – dein Körper – gesund und lebendig – dein Wesen – froh und bejahend – deine Bewegungen beim Aufstehen – frisch und stark – und noch während du aufstehst und dich anziehst, weißt du, dass du diesen Moment hüten magst – wie einen Schatz, um dich dann daran zu erinnern, wenn du diese Energie brauchst – –

und mit diesem Wissen verlässt du das Ufer des Sees – kehrst auf deine Art und Weise zurück an deinen sicheren Platz – bedankst dich bei deinen Helfern, die eventuell mit dir gegangen sind – zugleich verblassen langsam die inneren Bilder, lösen sich einfach auf – – und wenn ich nun von fünf nach eins zähle, wirst du mit jeder Zahl einen kräftigen Atemzug nehmen, der bewirkt, dass du wacher wirst und dich frischer fühlst – fünf – kräftig ein- und ausatmen – nach vier – wacher und frischer werden – nach drei – deinen Körper wieder auf der Unterlage spüren – nach zwei – deine Hände und Füße bewegen – nach eins – dich dehnen und strecken – und in deiner Geschwindigkeit wieder ins Hier und Jetzt zurückkommen –

....

Reise durch den Alltag

*Ich öffne mich vertrauensvoll dem Leben
und nehme alles, was es für mich bereithält.*

Ziel der Reise:	den Ablauf eines normalen Arbeitstages auf der Ebene der inneren Realität erleben, um festzustellen, wo genau Stressoren lauern
Besonderheit:	Diese Reise bedarf keiner großen Vorbereitung. Sie kann im Sitzen oder Liegen durchgeführt werden, ohne besondere Tranceinduktion. Es genügt eine kurze Einleitung. Nach den Fragen sollte der Klientin immer wieder Zeit gelassen werden, damit sie wahrnimmt, wie sie die Situation erlebt
Dauer der Reise:	ca. 15 Minuten
Symbolik:	Wiese = Seelenlandschaft See = Gefühle Sonne = Lebensfreude Erde = Mutter Obst = Früchte des Lebens, genährt sein Baum = Erdung, Schutz, Beständigkeit
Musikbegleitung:	*Sommertraum* von Arnd Stein
Nachbearbeitung:	die einzelnen Stresspunkte besprechen, um dann Strategien zu entwickeln, wie weiter damit umgegangen werden soll

Rücke dich auf deinem Stuhl so zurecht, dass du es bequem hast – öffne vielleicht deinen Gürtel oder den Knopf deiner Hose, wenn dir der Bund zu eng ist – atme jetzt mehrmals ganz bewusst und ganz **tief** ein und aus – lasse beim Ausatmen einfach alles **los**, was du **loslassen** möchtest – beobachte deinen Atem, wie er **kommt** und **geht** – sei auch Beobachter deiner Gedanken, die ebenfalls **kommen** und **gehen** können – so, wie kleine weiße Wölkchen am Himmel entlangziehen – und während dein Atem bewirkt, dass du mehr und mehr zu dir selbst kommst, kannst du nach innen gehen, in die Welt deiner Bilder und Gefühle –

kannst vor deinem geistigen Auge dein Zuhause auftauchen lassen – lasse dir Zeit für deine Vorstellungen – all die Zeit, die du brauchst, um wirklich bei dir zu Hause anzukommen – – stelle dir vor, du liegst morgens in deinem Bett – warm, weich, wohlig – der Wecker klingelt, vielleicht wachst du aber auch von alleine auf – was ist dein erster Gedanke? – – Was denkst du, während du ins Bad gehst? – – Wie ist deine Stimmung? – – Was sind deine ersten Handlungen? – – Falls du frühstückst – mit wem frühstückst du? – – Wie fühlst du dich dabei? – – Wenn du zu Hause arbeitest – wie gestaltet sich der Start in den Berufsalltag? – – Falls du weg musst – wie sieht dein Weg zur Arbeit aus? – – Fährst du mit dem Auto? – Der Bahn – dem Fahrrad? – – Oder – vielleicht läufst du ja auch – ist diese Zeit gemächlich oder hektisch? – – Wer begegnet dir dabei? – – Und wie? – – Worüber denkst du so am Anfang des Tages nach? – – Wie geht es dir dabei? – – Welche Gefühle und Gedanken hast du während der Arbeit? – – Über Chefs, Kollegen, Kunden, Mitarbeiter, Projekte? – – Was treibt dich an? – – Was macht dich uneffektiv? – – Was entspannt dich? – – Hast du Möglichkeiten, loszulassen? – – Wie holst du dich runter, falls alles zu viel wird? – – Wie willst du deine Arbeit eigentlich gestalten? – – Was willst du erreichen? – – Was bist du bereit, dafür zu tun? – – Kennst du Alternativen? – – Was ist dein eigentliches Ziel? – – Hast du Visionen? – – Idealvorstellungen? Träume? – – Wünsche? – – Sehnsüchte? – – Wie sehen die aus? – – Du kommst nach Hause – Wie ziehst du die Grenzen zum Arbeitsalltag? – Wie gewinnst du Abstand? – Was tust du für deine mentale und körperliche Entspannung? – Wie sieht deine Freizeitgestaltung aus? – – Mit wem und wie verbringst du deine Freizeit? – – Ist es wirklich das, was du möchtest? – – Wie sollte es eigentlich sein? – – Wie fühlst du dich meistens am Ende eines Tages? – – Bist du glücklich? – – Zufrieden? – – Erfüllt? – – Entspannt? – – Was sind deine letzten Gedanken kurz vor dem Einschlafen? – – Wie schläfst du ein? – – Kannst du durchschlafen? – – Fühlst du dich morgens ausgeruht? – Es ist Wochenende, was machst du am Wochenende für dich, damit du dich erholen kannst? – Wie möchtest du dich in deinem Leben wirklich fühlen? – – Tust du das, was du tun möchtest? – –

lasse nun langsam die inneren Bilder verblassen – sie lösen sich einfach auf – atme wieder etwas kräftiger ein und aus – und komme mit jedem Atemzug mehr und mehr zurück in diesen Raum – atme mit jedem Atemzug Wachheit und Frische ein – bewege deine Hände und Füße – dehne und strecke dich – und öffne deine Augen, wenn es für dich richtig ist –

....

Reise durch den Körper

Ich gehe liebevoll und pfleglich mit mir, meinem Körper und mit meinen Gefühlen um.

Ziel der Reise:	Die Entspannung wird durch die Konzentration auf den Körper induziert. Gleichzeitig können dadurch im Körper die Zonen lokalisiert werden, wo sich Stress in Form von Verhärtungen, Schmerzen oder Sonstigem festgesetzt hat. Erstes Loslassen dieser Symptome ist ein weiteres Ziel dieser Reise.
Besonderheit:	Das Hineinführen in die Entspannung ist eines der Ziele der Reise. Daher sind Tranceinduktion und Hauptteil eins. Auf die Induktion des sicheren Platzes kann in diesem Fall verzichtet werden.
Dauer der Reise:	ca. 20 Minuten
Musikbegleitung:	*Musikalische Traumpfade* von Sylvia Bieber
Nachbearbeitung:	Sie können die Klientin die wahrgenommenen Stresspunkte in die schematische Darstellung eines menschlichen Körpers einzeichnen lassen. Schmerzen z.B. in Rot, Verspannungen in Schwarz, Druck in Grau, Blockaden in Grün etc.

Und wieder ist es so weit, du liegst hier in dem Bewusstsein, dass dies eine Zeit nur für dich ist – eine Zeit, die dir gehört, in der du herauszufinden kannst, wo Stress in deinem Körper wahrnehmbar ist – schließe dafür sanft deine Augen – mache es dir ganz bequem – rücke dich so zurecht, dass es sich gut anfühlt – so, dass du weißt, es gibt nichts mehr zu tun – und dann, wenn du wirklich bequem liegst – kannst du beginnen, deine Wahrnehmung auf den Raum um dich herum zu konzentieren – kannst die Temperatur fühlen – den ganz besonderen Geruch, den du nur von hier kennst – kannst die Unterlage spüren, auf der du liegst – und die Geräusche um dich herum hören – die leise Musik im Hintergrund – meine Stimme – und vielleicht von außen Türenschlagen oder Motorenlärm – Telefonklingeln oder Stimmengemurmel – all diese Geräusche können dazu beitragen, dich tiefer und tiefer zu dir selbst zu führen – während du hier ruhig und sicher liegst und Beobachter all dessen bist – kannst du mit deiner Aufmerksamkeit zurückkommen zu dir selbst – kannst wahrnehmen, wie sich deine Bauchdecke bei jedem Einatmen hebt – und bei jedem Ausatmen senkt – kannst bemerken, wo Verspannungen, wo Schmerzpunkte sind – gehe mit deiner ganzen Aufmerksamkeit zu diesen Punkten – wie fühlen sie sich an? – – Wo genau nimmst du sie wahr? – – Welche Gedanken gehen dir durch den Kopf, während du diese Punkte lokalisierst? – – Wie verändert sich deine Wahrnehmung, wenn du nun mit jedem Atemzug Entspannung einatmest? – – Und mit jedem Ausatmen Verspannungen loslässt? – All das loslässt, was du abgeben möchtest – abgeben an die Unterlage, auf der du liegst – und mit jedem Heben und Senken deiner Bauchdecke kannst du weiter in dich hineinspüren – kannst spüren, in welchen Bereichen deines Körpers noch Unruhe, Druck oder sonstige Blockaden sind – vielleicht in deinen Beinen? – Oder im Rückenbereich? – Vielleicht auch in deinen Armen?

– Oder im Nackenbereich? – Wie genau spürst du deinen Kopf? – Den Hinterkopf? – Deine Stirn? – Dein Gesicht? – Sind deine Gedanken leicht und flüchtig? – Oder schwer und zermürbend? – Dein Kiefer locker und entspannt? – Oder zusammengepresst und schmerzhaft? – Wo nimmst du Schwere und wo Leichtigkeit wahr? – Wie empfindest du deine Atmung? – Deine inneren Organe? – Merkst du, wie sie arbeiten? – – Ist dein Körper eins mit dir? – Lebst du in Frieden mit ihm? – Oder kämpft ihr gegeneinander? – Wer gewinnt? – Wie genau erlebst du ihn, jetzt und hier auf dieser Unterlage? – Musst du etwas unterdrücken? – Oder erlaubst du dir einfach, zu sein? – Nimm all dies wahr – spüre – erlebe auch deine Gedanken dabei – während sich dein Brustkorb im gleichen Rhythmus wie dein Bauch ganz sanft, wie eine Welle, hebt und senkt – und vielleicht erinnert dich dieses Heben und Senken an die Weite des Meeres – und fordert dich auf, diese Weite über die Atmung in dich aufzunehmen – was von einem intensiven Gefühl des Freiseins begleitet sein kann – und indem du dieses Gefühl wahrnimmst, merkst du vielleicht, was du abgeben möchtest – abgeben an die Unterlage, auf der du liegst – um deinen Körper auf eine ganz andere, auf eine neue Art und Weise zu spüren – ein Spüren, das dir bestätigt, dass es richtig ist, zu entspannen – dass es wichtig ist, etwas dafür zu tun – ein Spüren, das dich ermutigt, die ersten Schritte in Richtung Entspannung zu gehen – in dem Bewusstsein, dass jeder Weg mit dem ersten Schritt beginnt – – und noch während du all dies so wahrnimmst, merkst du, dass es Zeit wird, wieder ins Hier und Jetzt zurückzukommen –

atme dafür kräftig ein und aus – und mit jedem Ein- und Ausatmen kannst du wieder mehr und mehr zurückkommen – vielleicht bemerkst du, dass sich ein Körperteil bewegen möchte – und vielleicht spürst du auch die Unterlage, auf der du liegst, wieder anders – sodass du wahrnehmen kannst, was du zuerst bewegen möchtest – die Hände vielleicht – oder die Füße – und wenn du magst, kannst du diese Bewegungen unterstützen, indem du zuerst sanft, dann immer fester deine Hände zu Fäusten ballst oder deine Zehen anziehst – deinen Körper dehnst und streckst und dabei mehr und mehr hierher zurückkommst – indem du deinen Körper fest anspannst und wieder loslässt – kannst du ganz hier ankommen und deine Augen öffnen – jetzt –

Mein Leben in Balance

Im Vertrauen auf meine innere Stärke
gehe ich meinen Weg.

Ziel der Reise:	in die Zukunft reisen, um dort den Idealzustand der Balance zu etablieren zurückkommen in die Realität, um hier das in der Reise erlebte umzusetzen
Besonderheit:	klassische Mentaltrainingtechnik
Dauer der Reise:	ca. 15 Minuten
Musikbegleitung:	*Paradies* von Arnd Stein
Nachbearbeitung:	Besprechung der Reise und Festlegen der Schritte, die zu einem Leben in Balance führen

Setze oder lege dich nun wieder in eine Position, in der du diese Fantasiereise bequem und angenehm erleben kannst – achte darauf, dass du frei atmen kannst – während du mit deiner Konzentration nach innen gehst, in den Raum, der dir vielleicht schon von anderen Entspannungsreisen her bekannt ist – dorthin, wo du frei bist und voller Hoffnung und Vertrauen – erlaube dir dabei, dich auf deinen Atem zu konzentrieren – und bemerke, wie sich bei jedem Einatmen deine Bauchdecke wölbt – und bei jedem Ausatmen zurücksinkt – und indem du die nächsten Atemzüge beobachtest, fällt es dir leichter und leichter, alles Belastende auszuatmen

– und **Ruhe**, Entspannung und **Gelassenheit** einzuatmen – **Ruhe** und Entspannung einatmen bedeutet, Belastung und Stress ausatmen, **loslassen** – einatmen – **tiefer** sinken – und einfach Entspannung in deine Füße einatmen – und dabei alle Anspannung **loslassen** – die Entspannung fließt in deine Unterschenkel – bis zu den Oberschenkeln – und auch dein Becken und deine Gesäßmuskeln werden locker – entspannen sich – die Entspannung fließt weiter in deinen Bauch – in deinen Brustbereich – dehnt sich aus, weitet sich – und fließt in deine Schultern – und in deine Arme – bis in deine Hände – einfach **loslassen**, entspannen – und auch deine Nackenmuskulatur wird locker – dein Hinterkopf – dein Gesicht entspannt sich – mit diesem Gefühl kannst du dir nun deinen künftigen Zustand der Balance vorstellen –

erträume dir nun möglichst klar und präzise die Lebensbereiche, in denen du in Zukunft gelassener und entspannter sein wirst – sieh oder fühle die Situationen so, als ob sie schon Realität wären – der Zielzustand soll jeweils im Bereich deiner Möglichkeiten liegen – beachte alle wichtigen Voraussetzungen, die notwendig sind, um in dieser angenehmen Balance zu verbleiben – stelle dir nun diese Situationen vor, bis du meine Stimme wieder hörst – – – und nun schlüpfe in deiner Vorstellung in die Jetztzeit, in deinen aktuellen Zustand, in deine momentane Lebenssituation – vergleiche die aktuelle Situation mit deinem Zielzustand – betrachte alles ganz genau, und schlüpfe gleichzeitig in die Rolle deines eigenen Trainers – als dieser sagst du dir nun ganz genau und eindeutig, was du erreichen willst und wie du da hingelangen willst – erzähle es dir möglichst detailliert – Schritt für Schritt – hierfür hast du nun wieder Zeit, bis dich meine Stimme erreicht – – – und nun überlege, welchen Gewinn dir dein Zielzustand bringen wird, wenn du ihn erreicht hast – – – mit all dem neuen Wissen, das du für dich mitnimmst, verabschiedest du dich nun von deinen inneren Bildern –

kehrst in diesen Raum zurück – atmest wieder mehr Sauerstoff ein, als du benötigst – und mit diesem Mehr an Sauerstoff kommt wieder Frische und Bewegung in deinen Körper – beim nächsten Einatmen kannst du deine Finger bewegen – diese Bewegung ausweiten auf deine Hände – und weiter zu deinen Füßen – dich dehnen und strecken und deine Augen öffnen – nimm dir die Zeit, die du brauchst, um wieder ganz im Hier und Jetzt zu sein –

....

Reise zur eigenen Kraft

Ich lerne täglich besser, nur dann JA zu sagen, wenn ich es auch meine.

Ziel der Reise:	die eigene Kraft finden und ankern, der Stärke und des Mutes
Besonderheit:	Im Hauptteil der Reise werden viele Fragen gestellt. Es ist wichtig, der Klientin genügend Zeit zu lassen, damit sie die Fragen für sich beantworten kann. Diese Reise sollte im Sitzen durchgeführt werden, damit die Klientin während der Reise wirklich wach bleibt.
Dauer der Reise:	ca. 35 Minuten
Symbolik:	Floß auf Bach = von Gefühlen getragen sein Bach = Fluss des Lebens Löwe = Kraft, Mut, Stärke
Musikbegleitung:	*Chakra Journey* von Various
Nachbearbeitung:	die Reise besprechen

Und wieder einmal kannst du es dir ganz bequem machen – kannst dich so zurechtrücken, dass es sich gut anfühlt, wie du hier so sitzt – erlaube dir dabei, die Augen sanft zu schließen – sodass die Geräusche um dich herum intensiver wahrzunehmen sind – und dies dazu führen kann, dass du dich mehr und mehr auf den sanften Weg des **Loslassens** und des **Entspannens** einlässt – während du dabei meinen Worten folgst, die dich einladen, **tiefer** und **tiefer** zu atmen – mehr Sauerstoff einzuatmen, als du brauchst – und dabei die Bauchdecke hochzuwölben und zu spüren, wie sie sich senkt, beim Ausatmen – **ein**- und **ausatmen**, ein ständiges **Heben** und **Senken**, das sich vielleicht ein wenig anfühlt, als wenn du sanft auf einem Floß über kleine Wellenkämme schaukelst – und dieses **Auf** und **Ab**, dieses sanfte Schaukeln kann bewirken, dass du ein leises Plätschern hörst – ein kleines Gurgeln, das dich daran erinnern kann, wie angenehm es ist, getragen zu sein und sicher dahinzugleiten – von einem lauen Wind begleitet, der sanft über deine Haut streicht – und dir liebliche Melodien zuträgt, die dich einlullen, bis du einen Zustand von **Schwerelosigkeit** und **Hingabe** erreichst – in dem du eintauchen kannst in die Welt deiner Bilder und Gefühle – **tief** hinein in die unendlichen Weiten des Seins – um aufzutauchen im Jetzt, das eben noch Gestern war und gleich wieder das Morgen sein wird – wenn du aufwachst im Sein, das dich auffordert, zu verweilen und einfach nur wahrzunehmen – und zuzulassen, dass dein Körper schläft, sich ausruht, während dein Geist hellwach bleibt und meiner Stimme folgt –

die dich nun an deinen sicheren Platz geleitet – an einen Ort, an dem du dich wohl und behütet fühlen kannst – einfach ein Platz, der dir Schutz und Kraft bietet – wo du dich umschauen kannst – und bemerken wirst, was hier wichtig für dich ist – und noch während du so schaust, kannst du vielleicht auch Gerüche und Geräusche wahrnehmen – und erkennen, wohin dich dein Floß getragen hat – welche Landschaft dich umgibt und welche Tageszeit gerade ist – hier ist der Ort deiner vielfältigen Möglichkeiten – –

von hier aus beginnst du deine Reise, die dich wieder mit deiner ureigenen Kraft in Verbindung bringen wird, mit deiner Stärke und deinem Mut – lass dich überraschen, wie einfach es für dich ist, einzutauchen in eine Landschaft, die dich gefangen nehmen kann, mit ihrem Charme – oder – mit ihrer Fremdartigkeit – denn in dieser Landschaft wird es dir möglich sein, dich zu erinnern – dich zu erinnern, an die Person, die du wirklich bist – indem du einfach einem Bachlauf folgst – der sich wie durch Zauberei in dein Bewusstsein geschlängelt hat – so, dass das Plätschern des Wassers sich mit den Geräuschen der hier lebenden Tiere vermischt – vielleicht hörst du Vögel zwitschern oder Frösche quaken – vielleicht auch das Summen und Brummen von irgendwelchen Insekten – während du am Ufer entgegen der Fließrichtung des Bächleins entlangläufst – – die angenehm sanfte Luft auf der Haut zu spüren – und ein leichter Wind ermöglicht es dir, den Geruch von feuchter Erde und Blumenduft in der Nase wahrzunehmen – dies wiederum bewirkt, dass du deinen Körper in einer Art und Weise spüren kannst, die dir vielleicht etwas befremdlich ist – und indem du weiterläufst, begreifst du, dass du immer jünger wirst – dass dein Denken und Fühlen, dein Wahrnehmen und Beobachten sich verändern – kannst erfassen, dass sich heikle Situationen einstellen, die dir möglicherweise bekannt vorkommen – Situationen, in denen du Kraft und Stärke brauchst – bleibe einfach stehen, um noch einmal deine Reaktionen zu erforschen – wie kommst du mit den Begebenheiten klar? – Wie lenkst du dich vielleicht ab? Oder flüchtest du? – – Eventuell hast du auch Unterstützung und Beistand – kannst um Hilfe bitten oder wirst beraten – unter Umständen bist du verzweifelt und hilflos – fühlst dich ausgeliefert und machtlos – – sieh hin, beobachte, ob es dir möglich ist, deine Kraft und Stärke zu leben – – oder ob du dich als Opfer der Umstände fühlst – nimm jede Einzelheit wahr – höre, was gesprochen wird – und fühle, wie es dir dabei geht – – – und immer noch kann es geschehen, dass du jünger wirst und wieder eine Situation erleben magst, die deine Entschlossenheit, deine Ausdauer und deinen Mut erfordert – wie reagierst du nun? – Wie ist deine Herangehensweise? – Kannst du auf dein Potenzial zurückgreifen? – Ist es dir möglich, all das zu leben, was du vielleicht in dir verspürst? – – Wenn nicht – wie würdest du anders reagieren wollen? – Wie würdest du stattdessen handeln mögen? – Was würdest du gerne anderes sagen? – – Erlaube dir, diese Situation mit allen Sinnen wahrzunehmen, um zu bemerken, ob du sie mit Kraft und Mut bewältigen kannst – – – und wenn du deine Aufmerksamkeit wieder auf die Landschaft richtest, die plötzlich geprägt sein mag vom heißen Klima und der Kargheit der Savanne – wo ein trockener Windhauch deine Kleidung flattern lassen kann – und der Horizont flirrend im Dunst des Tages liegt – ist es nicht wirklich wichtig, zu wissen, wie es dich in diese Gegend verschlagen hat – du kannst dich einfach deinen Impulsen überlassen, die dich dorthin führen werden, wo du jetzt sein sollst – denn ein Teil von dir weiß, wo deine Kraft und deine Stärke zu finden sind – wo du sie entdecken kannst, um dir zurückzuerobern, was zu dir gehört – dieser Teil von dir vermag dich unweigerlich dahin zu ziehen, wo du Kontakt aufnehmen kannst, um innerlich zu wachsen und dich zu stärken – auf deinem Weg dorthin kann es sein, dass dir Menschen oder Tiere begegnen, die dich begleiten oder dir aus dem Wege gehen – die Geräusche um dich herum sind dir möglicherweise fremd, vielleicht auch etwas unheimlich – doch immer schon hat es Menschen gegeben, die neugierig und abenteuerlustig Neues erkundet haben, um Erfahrungen zu machen, die das Leben bereichern – und wo auch immer du dich gerade aufhalten magst, begegnet die möglicherweise ein Löwe – – schau ihn dir genau an – wie sieht er aus? – – Hat er dich bemerkt? – – Wie verhält er sich? – – Wo genau befindet er sich? – – Ist er allein oder sind andere Tiere bei ihm? – – Wie geht es dir bei der Begegnung? – – Welche Impulse verspürst du? – – Möchtest du mit dem Löwen Kontakt aufnehmen? – – Spüre nach, was jetzt das Richtige für dich ist? – – Wie verhält sich das Tier dir gegenüber? – – Jeder Gedanke von dir kann dazu führen, dass sich die Situation verändert – schaue deshalb genau hin – bemerke, wie du Einfluss nimmst, wie du dein Sein auf die Begebenheiten einstellst – wie deine Wahrnehmung das Geschöpf veranlasst, zu reagieren – es ist dir möglich, ihm zu zeigen, dass du hier bist – vielleicht hast du bisher noch nicht gewusst, dass du seine Bewegungen und Lebensweise mal erleben möchtest – und indem du diesem Wunsch nachgibst, kann es passieren, dass du ihm so nahe kommst, dass du ihn berühren möchtest – wie verhält er sich dir gegenüber? – – Hat er Angst oder du? – – Brüllt er, oder flüchtet er? – – Greift er dich an, oder erschreckt er dich? – – Dir mag bewusst sein, dass es ein wildes Tier ist, doch gleichermaßen hat es auch andere Seiten – welche Seiten zeigt es dir? – – Sind es Seiten, die dich animieren, mit ihm eins werden zu wollen? – – Dich mit seinem Wesen, mit seinem Sosein zu verbinden? – – Immer mehr, immer besser – und vielleicht geschieht gerade jetzt dieses Einswerden, auf eine ganz besondere Art und Weise – – – die bewirken kann, dass du den Löwenkörper ganz bewusst wahrnimmst und spürst, wie er auf deine leichten Bewegungen sofort reagiert – sodass du das Spiel der Muskeln und das Pochen des Herzens bemerken kannst – und auch die scharfe Sicht ist möglicherweise neu für dich – ist es dir möglich, auch ein neues Empfinden zu entdecken? – – Spürst du vielleicht diese unbändige Durchsetzungskraft und die Klarheit, mit der du deine Kraft und wilde Energie einsetzen kannst? – – Siehst und erlebst du die Natur möglicherweise mit Sinnen, die ungewohnt und neu für dich sind? – – Sie mögen viel schärfer, viel intensiver sein, als die, die du gewohnt bist – beobachte, welchen Impulsen du nun nachgeben möchtest – und schau dich um, dort, wo du gerade bist – sodass du erkennen kannst, was du mit dieser Feuerenergie in dir bewältigen möchtest – und geschehen lassen, was jetzt geschehen will – indem du sowohl Beobachter, als auch Akteur bist – lass all das passieren, was richtig und wichtig für dich ist – sodass deine Erkenntnisse bereichernd und erfüllend sein werden – – – wie immer du diese Reise bisher erlebt haben magst, und wo auch immer du gewesen bist und als was du dort warst, jetzt wird es dir möglich sein, dich wieder in eine menschliche Gestalt zurückzuverwandeln – und es ist nicht wichtig, auf welche Art und Weise all dies geschieht – und ob du dies bewusst oder unbewusst erlebst – denn die Weisheit deines Unbewussten wird ordnend eingreifen, und früher oder später wirst du dich erinnern – erinnern an deine Erlebnisse, an deine Kraft und Wildheit, deine Klarheit und deinen Mut – sodass du all diese Eigenschaften leben kannst – wenn du jetzt noch einmal eine der kritischen Situationen von Anfang an erlebst – denn wie durch Zauberhand hat es dich einfach wieder dahin geführt – und deshalb ist es dir möglich, deine neu gewonnenen Fähigkeiten gleich auszuprobieren – und lass dir dafür Zeit, prüfe, wie deine Reaktionen sind – und spüre, wie es dir dabei geht – vielleicht hast du auch die Möglichkeit, zu hören, was nun gesprochen wird – indem du aus deiner Stärke heraus agierst und auftrittst – – erlaube dir, diese Erlebnisse mitzunehmen ins Hier und Jetzt – in das du nun gleich wieder zurückkehren kannst – in dem Wissen, dass alles seinen Sinn, dass alles seine Zeit und dass alles seinen Berechtigung hat – dieses Wissen nimm mit zurück –

zurück an deinen sicheren Platz – von dem aus dich dein Floß zurückbringen kann ins Wachbewusstsein – wenn du dafür einfach kräftig ein- und ausatmest – um mit jedem Einatmen wacher und mit jedem Ausatmen frischer zu werden – sodass du diese Wachheit und Frische mit Bewegungen verbinden kannst – die dich veranlassen, dich zu rekeln und zu strecken – zu dehnen und zu recken – und dabei kannst du meine Stimme wieder lauter hören – die Musik wieder mehr bemerken – und all das tun, von dem du weißt, dass es dich schnell und sicher in diesen Raum zurückbringt – wo du in deiner Geschwindigkeit die Augen öffnen – und wieder voll präsent sein kannst – jetzt!

....

Einzigartigkeit

Ich erkenne mich selbst und bin bereit,
mich so anzunehmen, wie ich wirklich bin.

Ziel der Reise:	Einzigartigkeit erkennen Selbstbewusstsein stärken
Dauer der Reise:	ca. 30 Minuten
Symbolik:	Wiese = Seelenlandschaft Vögel = Freiheit Pferd = Lebenskraft, Energie Schmetterling = Wandlung, Leichtigkeit
Musikbegleitung:	*Forest of Fantasy* von Sidh Tepperwein
Nachbearbeitung:	Lassen Sie ein Liste über Stärken, Begabungen und Fähigkeiten erstellen.

Du kannst zunächst dem Körper einfach erlauben, **loszulassen** – so **loszulassen,** wie du es von früheren Reisen schon gewohnt bist – und während du beginnst, dieses **Loslassen,** dieses **Ausruhen** zu genießen – kannst du dich ausstrecken und **fallen lassen** und dabei immer noch wach sein – denn **Entspannung** kann beginnen, deinen Körper zu durchfluten, bevor du überhaupt wahrnimmst, dass das geschieht – und ich weiß nicht, wann du bemerken wirst, dass dieses **Loslassen** mehr wird und wo im Körper du zuerst spüren wirst, dass dieses tiefere **Loslassen** schon begonnen hat – und auch du brauchst nicht zu wissen, auf welche Weise es geschieht

– möglicherweise bemerkst du es jetzt oder gleich, vielleicht auch nur am Rande deiner Aufmerksamkeit – weil Gedanken kommen und gehen und bewirken, dass du die Unterlage womöglich anders wahrnimmst als bisher – und Gedanken, die kommen und gehen und immer seltener werden, vielleicht – ermöglichen es oft, den Körper **leichter** oder **schwerer** zu fühlen – manchmal verschwinden auch die Erinnerungen an gerade eben oder gestern oder vorhin – und manchmal sind es die Klänge dieser Musik oder dieser Stimme, die bewirken, dass die äußere Welt durchlässiger wird – die erreichen, dass das Innen anziehender wird – bemerkst du wie nebenbei, dass dein Zustand sich verändert – sich verändert mit dem Rhythmus deines **Ein**- und **Ausatmens** – der dich ebenso begleitet wie meine Worte – und zugleich können verborgene Spannungen dadurch **losgelassen** werden – ganz einfach, so einfach wie die Musik einen Teppich webt, der dich tragen kann – tragen an Orte deines Körper, wo noch Druck oder Anspannung zu bemerken sind – um diese zu **lösen,** einfach **loszulassen,** fallen zu lassen – wie Blätter im Wind, die sich einfach lösen und fortwehen – so, wie deine Gedanken einfach fortwehen – während du dir erlauben kannst, dich zu erinnern, wie angenehm dieser Zustand von Trance ist – und ihm näher kommst – jetzt oder gleich – so nah, dass dein Atem einfach **fließen** kann, wie die Wellen des Meeres, die kommen und gehen – und wie diese einfach **kommen** und **gehen**, können auch die Bilder aus deinem Inneren **kommen** und **gehen** – einfach aufsteigen wie Taucher, die an die Oberfläche gelangen –

und es fällt dir leicht, in diesen Bildern deinen sicheren Platz auszumachen – den Ort, den du schon so gut kennst und der dir Kraft und Sicherheit verspricht – und noch während du dich dort umschaust, kannst du auch schon all die begrüßen, die immer dort sind – die auf dich warten, um dich auf deinen Reisen zu begleiten –

deine Reise führt dich heute auf eine saftig grüne Wiese, auf der allerlei Insekten leben – und während sich die sanft im Wind biegenden Gräser an deine nackten Beine schmiegen, kannst du hoch über dir, in der klaren Luft des tiefblauen Himmels, Vögel bei ihrem munteren Spiel beobachten – es liegt ein fröhliches Zwitschern in der Luft, das dich animieren kann, ein kleines Lied vor dich hin zu summen – losgelöst von allen Sorgen des Alltags ist es dir möglich, einfach nur zu sein – und den Tag auf deine Art und Weise zu genießen – sodass du auch das Plätschern eines kleinen Bächleins zum Anlass nehmen kannst, an seinem blumenbewachsenen Rand ein wenig zu verweilen – bist du sehr erstaunt, wenn du plötzlich bemerkst, dass du die Sprache der Blumen und Tiere verstehen kannst? – Wenn Laute an dein Ohr dringen, die zwar fremd klingen, aber doch einen Sinn ergeben? – Wenn du erfassen kannst, was diese Töne meinen? – Da unterhalten sich Dotterblumen mit Vergissmeinnicht und Löwenzahn mit Klee – und dort hinten wispern Ameisen mit herumflatternden Schmetterlingen – und Bienen summen ihre Neuigkeiten den Glockenblumen in die Kelche – der Wind trägt die Worte eines Pferdes herüber – und auch den Klatsch der Enten vom Teich dort drüben – die Luft ist erfüllt von den vielen Stimmen der Pflanzen und Tiere – ein Raunen und Brummen, Summen und Flöten lässt dich immer mehr aufhorchen – sodass du langsam übersetzen kannst, was all diese Kinder der Natur sich zu sagen haben – verblüfft kannst du feststellen, dass sie sich über dich unterhalten – darüber, wie du aussiehst, wie deine Ausstrahlung ist und wie sie dich wahrnehmen – so kannst du auf einmal vernehmen, dass die Dotterblume davon schwärmt, wie schön und liebreizend du bist – und dass das Vergissmeinnicht am liebsten mit dir ausgehen würde, weil du soviel Herzenswärme und Ehrlichkeit ausstrahlst – es kann sein, dass du dich selbst so noch nie gesehen hast, und auch die Worte des Löwenzahns lassen dich grübeln – denn gerade sagt er zum Klee, dass du wunderschöne Augen hast, die fast so leuchten wie die Sonne, die hoch am Himmel steht – und der Klee meint sogar, dass deine Haut sich anfühlt wie morgens die Tautropfen auf seinen Blättern – und er muss es wissen, schmiegt sich doch sein Köpfchen sanft an deine nackten Beine – während der Wind den Kelch der Glockenblume an dein Ohr drückt – sodass du hören kannst, wie das Bienchen dem lila Glöckchen gerade von deinen glänzenden Haaren berichtet, in denen es vorhin vorsichtig rumgekrabbelt ist – auch der bunte Schmetterling lässt sich vernehmen, denn er hat sich zart auf deine Schulter gesetzt – und erzählt der Glockenblume, wie sehr es ihn freut, dass du ihn so bewundert hast – dabei wärst du doch ebenso schön wie er selbst – die Glockenblume kann das nur bestätigen, und mit jedem Windhauch, der ihren Kelch hin und her bewegt, klingelt sie ein Loblied über dich zu den weiter entfernt stehenden Blumen – und so können auch diese von deiner Besonderheit erfahren – währenddessen hat der Schmetterling die Kunde von dem besonderen Menschenkind zu dem Pferd und den Enten getragen – und prompt kommen diese zu dir an den Bach, um sich selbst davon zu überzeugen – schnatternd watscheln die Enten zwischen den Beinen des Pferdes und lassen sich über deine wohlgeformte Gestalt aus – und das Pferd wiehert hinüber zu den

Bachstelzen, dass es deine Beine am schönsten findet – das wollen sich die Bachstelzen selbst anschauen, waren sie doch bisher der Meinung, dass sie selbst die schönsten Beine hätten – doch auch die Vögel stimmen dem Pferd zu, sodass du, an deinem Körper entlang schauend, bemerken kannst, dass du wirklich eine gute Figur und wohlgeformte Beine hast – und als dann auch noch die Ameisen deinen Körper erkunden wollen, findest du, genug gehört zu haben – denn Pflanzen und Tiere sind ja wohl ehrlich – und machst dich langsam auf den Heimweg – nicht ohne zu bemerken, dass das Gehörte ein Gefühl des Stolzes und der Leichtigkeit in dir hervorgerufen hat – weshalb es dir möglich ist, beschwingt und beflügelt den Rückweg anzutreten – im Weggehen kannst du noch hören, wie die Blumen und Tiere sich wünschen, dass du wiederkommst, weil du etwas ganz Besonderes bist – und besondere Menschen sind in der Natur, bei den Pflanzen und Tieren, sehr beliebt –

du nimmst dieses Wissen mit, kannst wieder spontan und einfach zu deinem sicheren Platz gelangen – dich bei deinen eventuellen Begleitern bedanken – und die inneren Bilder sich einfach auflösen lassen – und mit dem Auflösen der Bilder wird es dir möglich, wieder mehr und mehr zurückzukommen – zurück in deinen Körper – zurück auf deine Unterlage – du kannst deinen Körper wieder anders wahrnehmen, indem du ihn reckst und streckst – und dabei kräftig ein- und ausatmest – und mit jedem Einatmen, atmest du Wachheit und Frische ein – und mit jedem Ausatmen kommst du mehr und mehr zurück – du kannst dich dehnen und rekeln und all das tun, von dem du weißt, dass es dich ganz ins Hier und Jetzt zurückbringt –

Die Rose

Ich erfreue mich an meinen Ausdrucksmöglichkeiten,
die Weisheit und Wahrheit vermitteln.

Ziel der Reise:	Entfaltung der Kreativität
Dauer der Reise:	ca. 20 Minuten
Symbolik:	Rose = Klientin Wurzel = verwurzelt sein, Eltern
Musikbegleitung:	*Träume* von Arnd Stein
Nachbearbeitung:	die Rose malen lassen

Mache es dir auf deiner Unterlage ganz bequem – die Augen sind sanft geschlossen – rücke dich so zurecht, dass es sich gut anfühlt, wie du hier so liegst – achte darauf, dass nichts kneift oder dich einengt – und spüre dabei, wo dein Körper die Unterlage berührt – und wo er frei ist von Berührung – du kannst jetzt noch verändern, was du verändern willst – bevor du mit deiner Aufmerksamkeit von deinem Körper noch einmal weg in den Raum gehen magst – um wahrzunehmen, welche Schwingung um dich herum ist – wie die Temperatur hier in diesem Zimmer ist – und was es alles zu hören gibt – denn alle Geräusche, die du wahrnimmst, können dazu beitragen, dich näher an deine Entspannung zu bringen – dich **tiefer** sinken zu lassen, in die **Tiefe**, die heute richtig für dich ist – und während du meiner Stimme weiterhin zuhörst, kannst du mit deiner Aufmerksamkeit zurückkehren zu dir, zu deinem Atem – um wahrzunehmen, wie sich deine Bauchdecke beim Einatmen hebt – und wie sie beim Ausatmen einsinkt – ein ständiges **Heben** und **Senken** der Bauchdecke – und indem du dieses **Heben** und **Senken** aus deiner Aufmerksamkeit entlässt, kann deine Aufmerksamkeit in deinen Rücken wandern – der die Unterlage berührt – kannst wahrnehmen, wo vielleicht Verspannungen sind – und diese einfach wegatmen, einfach **loslassen** – und noch während das fast von alleine geschieht, kannst du weiter in deinen Bauchraum spüren – und auch hier beobachten, wo vielleicht noch Verspannungen sind und diese einfach **ausatmen** – und mit dem nächsten Atemzug kann deine Aufmerksamkeit durch deinen ganzen Körper fließen – sodass du alle restlichen Verspannungen fühlen kannst, um sie ganz bewusst einfach **loszulassen** – um so ein Gefühl von **Gelöstheit** und **Leichtigkeit** verspüren zu können – alles Belastende, alles Schwere darf einfach gehen – und mit jedem Einatmen dürfen Entspannung und Ruhe einfließen – und wenn du deinen tiefsten Zustand für heute erreicht hast, kann dein Körper hier ruhig liegen – während du mit deiner Fantasie auf Reisen gehst – –

vielleicht kennst du einen Platz, an dem du dich besonders geborgen und sicher fühlst – lass diesen Platz einfach vor deinem inneren Auge entstehen – und spüre, wie dieser Ort dir Kraft gibt – erlaube dir, wahrzunehmen, was es hier alles zu bemerken gibt – rieche – schmecke und höre – während du dich genau umschaust – dies ist dein Ort der Sicherheit – von hier aus kannst du deine Reise beginnen –

die dich heute zu einem Rosenstrauch führt – auf deine ganz eigene Art und Weise siehst du ihn plötzlich vor dir – schaust ihn dir genau an – du weißt, dass dieser Strauch mit seinem Wurzelballen fest im Erdreich verankert ist – und als dein Blick auf den Stängel einer Rosenknospe fällt – bemerkst du die grünen Blätter und Dornen daran – die Knospe ist geschlossen und noch ganz eingehüllt von den grünen Kelchblättern – du darfst dir Zeit lassen, um alle Einzelheiten deutlich wahrzunehmen – als du so vor dem Rosenstrauch stehst und ihn betrachtest, kannst du wahrnehmen, dass sich die Blütenblätter ganz langsam zu öffnen beginnen – und noch während sie sich öffnen, spürst du, dass auch in der Tiefe deines eigenen Wesens sich etwas zu regen beginnt – ein sanftes Öffnen, ein Aufblühen, ein Sich-dem-Licht-Entgegenstrecken kannst du wahrnehmen – zugleich folgst du den sich öffnenden Bewegungen der Rosenblätter – kannst spüren, dass ihr Rhythmus auch deiner ist – dieses Aufblühen auch dein eigenes Aufblühen – ruhig beobachtest du weiterhin die Rose, die sich der Sonne und der Luft öffnet – und ihre wunderbare Schönheit und ihren einzigartigen Duft offenbart – erlaube dir, diesen Duft der Rose in dein Wesen aufzunehmen – ihn ganz tief einzuatmen – ihn in dich hineinströmen zu lassen – als du dich über die Rose beugst, um dem Duft noch näher zu sein, kannst du tief in das Innere der Rose blicken – tief in ihre Lebensmitte – dies bewirkt, dass aus dieser Rosenmitte ein Symbol entstehen kann – lass es einfach geschehen – lass es sich formen, absichtslos und spontan – dieses Symbol kann dir zeigen, was in deinem Leben an Schönheit, Bedeutsamkeit und Kreativität zur Entfaltung kommen will – nimm dir Zeit, dieses Symbol genau zu betrachten – und nimm seine Qualitäten ganz in dich auf – vielleicht magst du es anfassen, daran riechen oder einem anderen Impuls nachgeben – vielleicht enthält dieses Symbol auch eine Botschaft für dich – sei einfach offen dafür, und nimm wahr, was es dir sagen oder zeigen will – beachte dabei, dass du jedem Impuls folgen kannst – dass jede Botschaft ihre Berechtigung hat – und vielleicht ist es dir auch möglich, diese Botschaft tief in dir zu verankern – sie mit einer Farbe zu verbinden – und in jede deiner Zellen fließen zu lassen – lass es einfach geschehen, so wie es geschehen will – ganz unwillkürlich, wie von selbst – denn die innere Weisheit findet Wege, die unser Verstand nicht kennt – und etwas in dir weiß außerdem, dass du dieses Symbol auch mitnehmen kannst, mitnehmen, wenn du zurückkehrst ins Hier und Jetzt, ins Wachbewusstsein –

und mit diesem Wissen ist es dir ganz einfach möglich, wieder zurück an deinen sicheren Platz zu kommen – wo du dich bei deinen Helfern bedanken kannst – und dich von deinen inneren Bildern verabschieden darfst – ihnen einfach erlaubst, sich aufzulösen – und indem du wieder einen kräftigen Atemzug nimmst – der bewirkt, dass du dich etwas bewegen magst – kommt mit diesen kleinen Bewegungen wieder Aufmerksamkeit in deinen Körper – gelangen wieder Gedanken an diesen Raum in deinen Kopf – sodass du noch einmal einen kräftigen Atemzug nehmen magst – und damit mehr Sauerstoff einatmest, als du brauchst – dann bewegst du einfach deine Hände und Füße – dehnst und streckst dich – und bist wieder ganz im Hier und Jetzt –

Der ferne Planet

Ich übernehme die volle Verantwortung
für alle Schöpfungen meines Lebens.

Ziel der Reise:	Verantwortung für das eigene Leben übernehmen die Tatsache verankern, dass wir Schöpfer unseres Lebens und unserer Realität sind Ziele, Träume und Visionen kreieren
Dauer der Reise:	ca. 25 Minuten
Symbolik:	Rakete = Eroberung neuer Welten, Kühnheit Weltall = Vielfalt der Möglichkeiten, Freiheit alter, weiser Mann = Leitung, innere Stimme Kinder = neue Möglichkeiten, eigenes Inneres Kind
Musikbegleitung:	*Engelsklang* von Michael Reimann
Nachbearbeitung:	Lassen Sie eine Zielcollage erstellen. In dieser Collage sollen all die Bilder und/oder Worte/Sätze enthalten sein, die die wünschenswerte Realität widerspiegeln.

Mache es dir auf deiner Unterlage wieder ganz bequem – die Beine liegen nebeneinander – die Arme locker neben dem Körper oder auf dem Bauch – und wenn du dir erlaubst, deine Augen zu schließen – ist dies gleichzeitig eine Einladung, die äußere Wirklichkeit hinter dir zu lassen – und einzutreten in deine innere Welt, die geprägt ist von Bildern und Gefühlen – von Möglichkeiten und Fantasien – und auch wenn da zuerst noch Gedanken an reale Dinge sind – und Geräusche an dein Ohr dringen – kann dies dazu beitragen, dich mehr und mehr in deine innere Realität zu führen – in die Sphären, die erfüllt sind von Vorstellungen und Träumen – von Empfindungen und Abenteuern – und dort innen bei dir kannst du entdecken, wie jeder Atemzug ein inneres **Fließen** bewirkt – ein **Fließen** wie Wasser, das sich von der Quelle hin zum Meer bewegt – und dieses **Fließen** kann bewirken, dass du mehr und mehr **loslässt** – und dieses **Loslassen** wie ein **Strömen** ist – ein **Strömen** von Meereswellen, die sanft ans Ufer rollen – und wie von Zauberhand wieder zurückgezogen werden – ins ewige Meer des Vergessens – und dadurch auch deine Gedanken ins Vergessen **fließen** – immer mehr – und sich wegbewegen, wie Wolken am Himmel – die, gelenkt und beeinflusst von den Winden der Lüfte, **dahinziehen** – und dieses **Dahinziehen** nimmt auch alles Schwere und Belastende mit – was dem **Tiefersinken** und dem **Abtauchen** noch im Wege stehen mag – und so ist es dir möglich, **leicht** und **frei**, **gelöst** und entspannt ganz einzutauchen in die Weite und Vielfalt deiner Möglichkeiten –

die dich zuerst an deinen sicheren Platz führen – an dem du dich umschauen kannst – um festzustellen, was genau es ist, das dir diesen Ort so vertraut macht – dass du dich hier geschützt und geborgen fühlst – genieße diesen Platz, bis du bereit bist, deine Reise zu beginnen –

eine Reise, die dich heute zu fernen Galaxien führen wird – in Regionen, die dir fremd und vielleicht doch vertraut vorkommen mögen – um Erfahrungen zu machen, die wichtig für dich sind – um Chancen und Möglichkeiten zu entdecken – um Abenteuer zu erleben – und deshalb kannst du es dir erlauben, deine Wahrnehmungen einfach auf eine Szenerie zu richten, die durch ihre Geschäftigkeit auffällt – viele Menschen haben sich um eine Raketenstartrampe versammelt – hier und da wird noch geschraubt und geklopft – laute Rufe und Instruktionen hallen an dein Ohr – der silberne Leib der Rakete ragt kerzengerade ins wolkenlose Blau des weiten Himmels – und etwas in dir weiß, dass dieses dein Gefährt zu fernen Sternen ist – dass du das Kommando über diesen Flug innehaben wirst – und noch ehe du den Gedanken zu Ende gesponnen hast, bist du auch schon im Inneren der Rakete – wo es überall blinkt und fiept – und über unsichtbare Lautsprecher Befehle erschallen – wie selbstverständlich lenkst du deine Schritte zum Pilotensessel, schnallst dich an – und bist vielleicht erstaunt, dass dir all diese Knöpfe, Hebel und Lämpchen sehr vertraut erscheinen – mehr noch, deine Finger wissen, welche Knöpfe sie drücken und welche Hebel sie bewegen müssen – es scheint dir, als hättest du die Handgriffe schon tausend Mal vollzogen, die bewirken, dass die Triebwerke lautstark starten – der ganze Rumpf erzittert und vibriert – und die Rakete zischt nach dem Countdown mit einem mächtigen Ruck in den Himmel– gewaltig ist der Ausstoß, der bewirkt, dass das Gefährt in den Weltraum geschleudert wird – und wie von selbst in die richtige Umlaufbahn gerät – das schwerelose Dahingleiten und die absolute Stille des Alls bringen es zuwege, dass dein ganzes Sein sich von allem Ballast löst – dass dein Herz erfüllt ist von Leichtigkeit und Sorglosigkeit – und dein Geist frei schwebt – nichts ist mehr wichtig – es gibt kein Richtig und kein Falsch mehr – und alles, was ist, ist einfach nur noch – absoluter

Frieden kehrt ein – den du genießen kannst – während da draußen, in der absoluten Dunkelheit des Kosmos, die Sterne hell blinken – und in ihrem silbernen Schein deine Visionen aufleuchten – hier, auf dieser Ebene, ist alles möglich – jeder deiner Gedanken kann Wirklichkeit werden – jede Idee Form annehmen – und jeder Wunsch Gestalt werden – und so ist es dir möglich, dem Ganzen zuzuschauen und zu erfahren, wie einfach und leicht es ist, dein Innerstes nach außen zu kehren – um zu erfahren, dass Materie dem Geist folgt – dass du dein Leben selbst kreieren kannst – dass du für deine Gedanken Verantwortung trägst – denn jeder Gedanke wird hier sofort Wirklichkeit – und so entstehen an Ort und Stelle immer mehr deiner selbst kreierten Wirklichkeiten – und du bist in der Lage, dich in ihnen zu bewegen – mittendrin zu sein – und mit jeder Faser deines Bewusstseins zu erleben, wie es ist, Schöpfer zu sein – und Schöpfer zu sein bedeutet auch, die Konsequenzen zu tragen – Ja zu sagen zu dem, was du geschaffen hast – oder Veränderungen vorzunehmen, wenn es nicht deinen Vorstellungen entspricht – damit kannst du nun beginnen, weil dein Gefährt dich sanft und sacht, mit einem kleinen Ruck, auf einem herrlichen Planeten absetzt – er sieht genauso aus, wie du ihn dir in deiner Fantasie vorgestellt hast – fast wie die Erde ist er bevölkert von großen und kleinen Tieren, von fliegenden und krabbelnden – von kriechenden und kletternden – aber auch Pflanzen in allen Größen und Farben bedecken das Land – die Luft ist sanft, riecht fremd und doch vertraut – und dich umschauend bemerkst du, dass auch Menschen diesen Landstrich bevölkern – wärst du sehr erstaunt, wenn du mit Geschenken und Willkommensgaben empfangen würdest? – Wer weiß schon genau, was in fremden Galaxien, auf fernen Planeten, für Gäste vorgesehen ist?

– Doch in dem Wissen, dass du auch hier Schöpfer deiner Wirklichkeit bist, kannst du genau das bekommen, was für dich richtig ist – und während du noch freudig deine Gastgeschenke betrachtest – wirst du auf einen alten, weisen Mann aufmerksam – der dich, auf einen Stock gestützt, unverwandt betrachtet – fast scheint es, als könntest du seine Gedanken lesen – und dich telepathisch mit ihm verständigen – und so weißt du plötzlich, dass du ihn fragen kannst, weshalb du hier auf diesem Planeten bist – und was du hier zu lernen hast – und lasse dich überraschen, welche Antworten du erhältst – jetzt! – vielen Menschen ist es bisher gelungen, solche Antworten zu erhalten – und du musst nicht genau wissen, wie das möglich ist – denn dein Unterbewusstsein wird zu gegebener Zeit darauf zurückgreifen können – während du dich nun bei dem Alten für seine Weisheit bedankst, die er dir zum Geschenk gemacht hat – sodass sich dein innerer Raum noch ausdehnen kann – und du den Menschen folgen magst, die dir bedeuten, mitzukommen – die verschlungenen Pfade durch grüne Wiesen zu gehen, laden dich ein – deine Gedanken und Blicke schweifen zu lassen – sodass dir kleine Bächlein auffallen, an deren Ufern Kinder jauchzend herumtollen – bunte Bälle werfen – und sich gegenseitig ins Wasser schubsen – wie gerne würdest du, den Kindern gleich, so ausgelassen und fröhlich sein – und siehe da, hier, auf diesem fremden Planeten, werden auch diese Gedanken sofort Wirklichkeit – und du kannst erleben, dass du übermütig lachend dem bunten Ball hinterherläufst – verfolgt von der Meute Kinder und, überfallen vom Gelächter und Geschubse, selbst in den Bach fällst – noch während du prustest und dich schüttelst, kannst du die Ausgelassenheit und Fröhlichkeit aus vollem Herzen genießen – während ihr euch gegenseitig nassspritzt und untertaucht, erlebst du mit jeder Faser deines Seins, die glückliche Unbeschwertheit des Kindes in dir – auf- und abtauchend ist es dir möglich, eins zu werden mit ihm – und alle Erfahrungen mitzunehmen zu der Erwachsenen, die du auch bist – diese Unbekümmertheit und ungezügelte Lebensfreude – dieses Erleben des Jetzt – und dieses Ganz-im-Gefühl-Sein – und indem du dir diese Erfahrungen wieder zu eigen machst, bist du angekommen an dem Ort auf dem Planeten, der jetzt außerdem noch wichtig für dich ist – und auch hier bist du wieder Schöpfer deiner Realität – erlaubst dir, das entstehen zu lassen, was du brauchst, um zu erleben, dass du wirklich Schöpfer bist – und indem du dir das erlaubst, teilen sich die unsichtbaren Schleier, und deine größte Sehnsucht, dein heftigster Wunsch, deine utopischste Vision ist Wirklichkeit geworden – schaue genau hin – was hast du dir jetzt kreiert? – – Wie sieht deine Wirklichkeit aus? – – Was kannst du hören und erleben? – – Was empfindest du dabei? – – Welche Sehnsüchte und Wünsche hast du dir erfüllt? – – Sei Zeuge dieses einzigartigen Augenblickes, in dem du deine Vision hast Realität werden lassen – genieße es, und vertraue – vertraue der Macht deines Schöpfertums, und nimm all das in jede deiner Zellen auf – wenn du verbunden bist mit deinem Inneren Kind, sind Wunder möglich – wie du gerade erlebst – und während du diese Verbundenheit spürst, wird dir klar, dass du mit dem Kind in dir verbunden bleiben wirst, auch wenn es nun Zeit wird, wieder zurückzukommen – zurück in unser Sonnensystem – zurück auf den Planeten Erde, der seit ewigen Zeiten um die Sonne kreist – um die gemachten Erfahrungen auch hier zu leben – und in Gedankenschnelle landet dein Gefährt am vorgesehenen Ort –

sodass du deinen sicheren Platz aufsuchen kannst – um dich bei all denen zu bedanken, die eventuell mit dir gereist sind, um dich zu beschützen – sodass du dich allmählich von deinen inneren Bildern lösen – und deine Aufmerksamkeit wieder nach außen lenken kannst – wo du meine Stimme wieder lauter hörst – und die Unterlage wieder spürst – sodass du kräftiger ein- und ausatmen magst – und dabei Wachheit und Frische einatmest – und weil dieses Atmen wie ein Fließen ist, das dir bewusst macht, dass alles fließt, kann Energie und Kraft durch deine Adern strömen – und lässt dich dich dehnen und strecken – lässt dich dich rekeln und recken – sodass du die Augen öffnen magst – um wieder ganz im Hier und Jetzt zu sein –

....

Freude finden

Ich finde jederzeit Zugang zu meiner Lebenslust.

Ziel der Reise:	wieder mit starken, positiven Gefühlen in Kontakt kommen
Dauer der Reise:	ca. 20 Minuten
Symbolik:	Baum = geerdet und verwurzelt sein
Musikbegleitung:	*Garten der Stille* von Michael Ramjoue
Nachbearbeitung:	die wiedergefundenen Emotionen im Tanz ausdrücken lassen

Mache es dir nun wieder bequem auf deiner Unterlage – die Arme liegen neben dem Körper oder locker auf dem Bauch – auch deine Beine liegen nebeneinander – achte auf deinen Atem, und spüre, wie er kommt und geht – atme mit jedem Ausatmen das aus, was du gerade nicht brauchst – atme mit jedem Einatmen **Ruhe** und Entspannung ein – und während dein Atem langsam seinen eigenen Rhythmus findet – können deine Gedanken wie weiße Wölkchen am Himmel vorbeiziehen – und deine Aufmerksamkeit kann sich in deinen Beinen sammeln – und indem du deine Aufmerksamkeit auf deine Beine richtest, spürst, wie sie auf der Unterlage liegen – kannst du **loslassen**, was du abgeben möchtest – indem du weiter nach oben spürst, in dein Becken – wahrnimmst, wie es sich anfühlt – wie diese Entspannung, dieses **Loslassen**, dieses **Gelöstsein**, weitergeht – ganz von alleine – während deine Aufmerksamkeit höher steigt, in deinen Bauch und in deinen Brustkorb – und indem du hier alles wahrnimmst, kannst du auch spüren, was du abgeben möchtest – indem du in deinen Rücken spürst – um wahrzunehmen, wo er die Unterlage berührt – und indem du das spürst, kannst du schon **loslassen** und entspannen – vielleicht sogar schon erleben, wie dein Körper weicher wird – **weiter** – **warm** und **weit** vielleicht – und dann hineinspüren in deine Arme – wie sie die Unterlage berühren – während du abgibst, an den Boden abgibst, was du diesem anvertrauen möchtest – kannst du erleben, wie deine Aufmerksamkeit in deine Schultern wandert – während du in sie hineinspürst, spürst, wie sie **weicher** und **lockerer** werden – und du diesen Zustand **genießen** kannst – nimmst du deinen Kopf wahr – und dass dein Kopf das Kissen eindrückt – fühlst, was du auch hier abgeben kannst – **loslassen** kannst – indem du weiter hineinspürst in dein Gesicht – deine Stirn, wie sie **weicher** wird – deine Augenbrauen **leicht** werden – die Muskeln um deine Augen **locker** werden – die ganze Wangenmuskulatur ganz **weit** und **weich** wird – und dein Kinn, wie es sich entspannen kann – all das kann dein Körper ganz allein für dich tun – während du hier liegst, und deine Gedanken kommen und gehen – wie eine Welle – und du mit jedem Ausatmen ein kleines bisschen mehr **loslässt** – ein kleines bisschen **tiefer** sinkst – so wie jede Nacht – kann dein Geist hellwach sein und nach innen gehen, in die Welt deiner Bilder und Gefühle –

wo du dich zuerst an einen Ort begibst, an dem du dich wohl und sicher fühlst – den Ort in dir, den du schon so gut kennst – und der dir immer wieder die Sicherheit vermittelt, die du brauchst, um auf den Schwingen der Fantasie zu reisen – schaue dich hier um, nimm wahr, was es hier für dich zu sehen gibt – an diesem Ort, der auch seinen ganz besonderen Duft hat – wo Geräusche dich begleiten mögen, wenn du dich nun bereit machst, auf deine Reise zu gehen –

eine Reise, die dich wieder einmal auf eine Wiese führt – wo du all die friedlichen Eindrücke aufzunehmen – und dem Gesang der Vögel zu lauschen vermagst – während dich deine Füße, fast von alleine, zu einem großen, wunderschönen Baum tragen – einladend breitet sich seine Krone aus, wie ein Dach – wie ein Sonnendach, das dir anbietet, unter ihm zu verweilen – um dir Schutz vor den heißen Strahlen der Sommersonne zu gewähren – kannst du dir vorstellen, dich am kräftigen Stamm des Baumes niederzulassen, um zu spüren, wie sich die innere Ruhe in eine wohlige Müdigkeit verwandelt? – Warum solltest du nicht ein wenig schlafen oder deinen Gedanken nachhängen? – Durch sanft vom Wind bewegte Blätter eines Baumes zu schauen und den blauen Sommerhimmel zu betrachten, ist für viele Menschen der Inbegriff von Entspannung und Gelöstheit – dabei vorbeiziehende kleine, weiße Wölkchen zu betrachten, kann dieses Gefühl noch verstärken – sodass dir möglicherweise ein Kinderspiel dazu einfällt – nämlich »Schäfchen zählen« – und es kann sein, dass du schon seit einiger Zeit innerlich zu zählen begonnen hast – 1 – 2 – 3 – 4 – 5 – und während du so zählst, merkst du, dass sich irgendwann deine Augen fast von alleine schließen – und du behütet, und beschützt von dem Baum, langsam und allmählich in einen tiefen und erholsamen Schlaf sinken kannst – wer weiß schon genau, wann Traumbilder vor deinem inneren Auge auftauchen – und du in diesem Traum eine wunderschöne

Situation erleben magst? – Ist es eine Begebenheit, bei der du sehr, sehr glücklich bist – ein Ereignis, das du dir immer wieder vor Augen führen magst – eine Erfahrung, die dich total begeistert? – Du wirst möglicherweise lachen und fröhlich sein – vielleicht auch tanzen oder andere Dinge tun, die dich begeistern – und, wenn du dazu bereit bist, auch die Freude fühlen – und das Lachen der anderen Menschen hören – glücklicherweise ist es nicht notwendig, dass du jetzt sofort diese Freude und Fröhlichkeit mit allen Fasern deines Körpers genießt – und voll in dem Geschehen bist – du sollst aber wissen, dass du diese Freude mitzunehmen vermagst – mitzunehmen in dein Wachbewusstsein, in deinen Alltag, um dich daran zu erfrischen und dich davon zu nähren – lasse dich überraschen, wie es dir möglich sein wird, diese Freude in deinem Alltag wiederzufinden – mehr und mehr – wie sie sich ausbreiten und dein Tun bestimmen wird – und wie du es genießen wirst, sie zu fühlen und zu erleben – mit diesem Wissen kannst du dich von dieser wunderschönen Situation verabschieden – die Bilder einfach verblassen und sich auflösen lassen – sodass du dich wieder, wie von Zauberhand, unter dem schützenden, kräftigen Baum auf deiner Sommerwiese findest – denn insgeheim hat jemand für dich von fünf bis eins gezählt – hat die Schäfchen am Himmel nach Hause gebracht – es waren vier oder drei – vielleicht auch zwei oder eins – und wenn du erst einmal dieses starke und freudige Gefühl verspürst, kannst du dich ausgeruht und erholt unter deinem Baum rekeln und strecken und dabei wacher und wacher werden –

sodass du deinen Körper wieder wahrnimmst – die Füße, und wie die Fersen die Unterlage eindrücken – die Beine und das Becken, wie sie hier so liegen – und auch den Rücken, die Arme und die Hände – die sich jetzt vielleicht schon etwas bewegen wollen – und das auch tun, während sich deine Aufmerksamkeit auf deinen Atem richtet – und du ganz tief ein- und ausatmest – und dabei wacher und frischer wirst – und die Bewegungen deiner Hände übergreifen auf deine Arme und nun auch auf deine Beine – und du dich nun dehnst und streckst und mit deiner Aufmerksamkeit hierher in diesen Raum zurückkommst – die Geräusche um dich herum wieder anders wahrnimmst – und dann einfach deine Augen öffnest –

....

Die vergessene Welt

Ich habe einen liebevollen Kontakt
zu meinen Mitmenschen.

Ziel der Reise:	Herzensqualitäten wie Liebe und Mitgefühl wieder integrieren, um diese mit anderen zu teilen
Dauer der Reise:	ca. 30 Minuten
Symbolik:	unberührte Landschaft = Naturentsprechung des vierten Chakras Wald = Unterbewusstsein Bach = Gefühle Regenbogen = verbindet Gegensätze Grün und Rosa = Farbentsprechung des vierten Chakras
Musikbegleitung:	*Amba* von Worschek
Nachbearbeitung:	die Energie aus dieser Reise in Ton modellieren lassen

Und wieder einmal machst du es dir ganz bequem – vielleicht, indem du dich noch einmal zurechtrückst – vielleicht auch, indem du schon jetzt ganz still liegst – während deine Augen sich ganz sanft von alleine schließen wollen – und auch wenn noch Unruhe im Raum sein sollte oder Geräusche von außen wahrnehmbar sind – kannst du es dir erlauben, schon jetzt etwas **loszulassen** – etwas **tiefer** zu sinken – und auch wenn die Geräusche mehr werden sollten, oder auch unbekannte dabei sind, kann das bewirken, dass es dir nur noch leichter fällt, zu entspannen – weil alles, was du hören kannst, deine innere Musik zu verstärken vermag – und weil dein Körper schon sehr genau den Weg kennt, den er gehen muss, um **loszulassen** – um mehr Ruhe und Gelassenheit zu verspüren – indem du deine Aufmerksamkeit auf deinen Atem richtest – kannst du es **genießen**, diesen einfach kommen und gehen zu lassen – einfach nur da zu sein und zu spüren, wie jedes Einatmen dich mit Energie füllt – und jedes Ausatmen dir mehr Weite und Stille beschert – eine starke und liebevolle Stille, die in dich hineinzieht und deinem Körper erlaubt, sich immer leichter zu fühlen – und dieses **Leichterwerden** kann auch begleitet sein von einer **Schwere** – die du vielleicht als ein Einsinken in die Unterlage wahrnimmst – die dich sicher trägt – und dieses sichere Gefühl bewirkt, dass du mehr und mehr **loslässt** – sodass du mehr zu dir selbst finden kannst – und alles **ziehen** lassen kannst, was unwichtig geworden ist – und **Frieden** und Harmonie einströmen können – mehr **Ruhe** und Klarheit in dir sind – ein **Fließen**, **Strömen** und Pulsieren ist in dir – ganz **ruhig** und **tief** und harmonisch – und du dich entspannter und erfüllter fühlen kannst – jetzt oder gleich – während du mehr und mehr bei dir selbst ankommst – und die Gedanken des Tages, die da eventuell noch sind, dich einfach und leicht begleiten – und du sie nur zu beobachten brauchst, damit sie **leichter** werden und **flüchtiger** – so **leicht** und so **flüchtig** wie eine Feder, die ganz sachte vom Himmel herniederschwebt – und so flüchtig wie diese Feder können sich auch deine Gedanken verhalten – bis sie mehr und mehr zur Ruhe kommen und sich niederlegen, um zu schlafen – zu schlafen wie dein Körper, obwohl dein Geist ganz klar und wach ist –

und während du diese Stille genießt, kannst du wieder an deinen sicheren Ort gehen – den Platz, an dem du dich behütet und beschützt fühlst – und auch diesmal kannst du erfahren, dass Ruhe und Sicherheit an diesem Ort gewährleistet sind – dass du liebevolle Helfer hast, sofern du sie brauchst – und vor hier aus beginnst du deine heutige Reise –

und so entwickelt sich vor deinem inneren Auge allmählich das Bild einer unberührten Landschaft – in der du dem Gezwitscher und Geträller der Vögel zuhören kannst – die auf der Suche nach Nahrung diesen Ort bevölkern und sich in unschuldiger Freude ihrem Spiel hingeben – angeregt vom Gesang der Vögel, trällerst du dein eigenes Lied – während du auf gewundenen Pfaden dahinschlenderst – grüne Felder und Wälder dehnen sich vor dir aus, so weit dein Auge reicht – unberührt scheint die Natur, und Frieden zieht in dein Herz – den Boden unter den Füßen und den Wind auf der Haut spürend – genießt du die Ruhe und Abgeschiedenheit dieser Landschaft – der Wind trägt dir immer wieder Düfte von Blumen, Gräsern und trockener Erde in die Nase – und du atmest sie tief ein – fast scheint es, als ob du sie schmecken könntest – gesättigt von all diesen Sinneseindrücken und müde vom Wandern – kommst du an den Rand eines kleinen Wäldchens – die Sonne lässt das Grün der Blätter in allen Schattierungen glänzen – und je tiefer du in das Wäldchen hineingehst, desto mehr beeindrucken dich diese unterschiedlichen Farbtöne – die Geräusche des Waldes vermischen sich mit dem Rascheln der Blätter unter deinen Füßen – das Summen von Insekten dringt ebenso an dein Ohr wie das leise Plätschern von Wasser – neugierig lenkst du deine Schritte in die Richtung dieses Geräusches – und entdeckst zwischen den Stämmen schlanker Bäume ein Bächlein, das munter vor sich herplätschert – am Bach angekommen, lässt du dich am Rande nieder – schaust dem munteren Wasser zu, wie es fröhlich über große Steine hüpft – kleine Wellen schlägt und hier und da Strudel bildet – fast scheint es, als ob das Bächlein eine Melodie singt, die du einfach aufnehmen und leise mitsummen kannst – vielleicht nimmst du gerade wahr, wie sich deine Augen schließen wollen und du bereit bist, dich hier in das grüne Moos zu legen, um zu schlafen – bemerkst, wie die Wärme und Weichheit des Mooses und die leise Melodie des Wassers dich einlullen – dir verhelfen, in die Tiefen deiner Träume zu sinken – in eine Welt, die bevölkert ist von Traumbildern und Eindrücken, die einfach so sein dürfen – auf eine Art und Weise, die dein Verstand gar nicht zu verstehen braucht – und in diesen Tiefen des Seins befindest du dich plötzlich in einer Landschaft, die in ihrer Unwirklichkeit nicht hierher zu gehören scheint – wie bei einem Aquarell sind alle Konturen verschwommen, und alles ist in durchsichtige Schleier gehüllt – etwas in dir weiß, dass es deine vergessene Welt ist – die Welt, die du ausgeschlossen hast aus deinem Leben – die du in dein Unterbewusstsein verbannt hast – damit du dich sicherer, mächtiger und unabhängiger fühlen kannst – doch hier ist es dir möglich, zu spüren, dass diese Welt in dein Bewusstsein gehört – dass es die Welt deiner Gefühle ist – von Trauer und Schmerz – von Freude und Euphorie – aber auch von Wut, Ärger und vielleicht sogar Hass – die Welt der lauten und leisen Töne – der tiefen Empfindungen und Wahrnehmungen – die Welt des Herzens, der Liebe und des Überflusses – und hier wird diese Welt dir wieder zugänglich – je mehr du die Weite deines Herzens spürst, desto leichter fällt es dir, all die vermeintlichen

Sicherheiten aufzugeben – um deine echten Fähigkeiten zu leben – und dadurch Heilung und wahre Liebe zu erfahren – und auf unerklärliche Weise spürst du, wie diese Erfahrungen tief in dein Herz sinken – wie sich von dort ein Gefühl von Wärme und Leichtigkeit ausbreitet – und es gleichzeitig möglich wird, dass die Schwingungen dieser Gefühle sich auf die Konturen deiner vergessenen Welt auswirken – die plötzlich klar umrissen sind – sich deutlich abheben vom Hintergrund, und die durchsichtigen Schleier sich auflösen – sodass diese Welt in allen Farben des Regenbogens strahlen kann – während du plötzlich am Fuße eines Regenbogens stehst, der sich über das ganze Firmament spannt – und dir eine Landschaft voll berauschender Farben und Formen offenbart – dadurch wirst du dir dessen bewusst, dass du der Schöpfer dieser Welt bist – dass deine überfließende Liebe dieses wunderschöne Dasein geschaffen hat – und voller Dankbarkeit weißt du, dass es durchaus möglich ist, diese Erfahrungen mit anderen zu teilen – und du nimmst dir vielleicht vor, deine Mitmenschen an deinen Einsichten teilhaben zu lassen – um Mitgefühl und Liebe in die Welt zu tragen – schillernd und bunt erscheinen die Farben am Himmel – und du kannst erkennen, dass sich einladende Treppenstufen gebildet haben – sodass du auf diesem Weg neugierig den Regenbogen betrittst – und sofort bemerkst, dass sich das Grün des Regenbogens wie ein Mantel um deinen Körper legt – dich durchdringt und in jede deiner Zellen strömt – rosa Blumen säumen deinen Weg, der dich immer weiter über den Regenbogen führt – mit jedem Schritt, den du eingehüllt in den grünen Mantel gehst, bemerkst du, dass dein Herz weiter wird – dass dich die Schönheit und Sanftheit der Farben davontragen – und du nimmst wahr, dass alles Leben der Schöpfung in deinem Herzen wohnt – dass du eins bist mit allem und Kanal göttlicher Liebe – diese Wahrnehmung lässt die Sehnsucht in dir wachsen, einen liebevollen Kontakt zu deinen Mitmenschen herzustellen – und schon der Gedanke daran bewirkt, dass dir eine Person auf dem grünen Licht des Regenbogens begegnet – dein pulsierendes Herz schlägt ihr entgegen – macht dich bereit für deine Erfahrungen – und etwas in dir bewirkt, dass Hilfsbereitschaft und Mitgefühl selbstverständlich für dich sind – dass du voller Freude diesem Menschen begegnest und ihn völlig offen annimmst, so wie er ist – liebevoll umarmt ihr euch – Herz klopft an Herz – und euer beider Energien vermischen sich – Frieden und Gelassenheit fließen ineinander über – lassen ein Gefühl von Wärme und Anteilnahme entstehen – fast scheint es, als ob ihr eins seid – je mehr du diese Nähe und Anteilnahme zulässt, desto tiefer empfindest du die Liebe und den Frieden in dir – es ist durchaus möglich, dass diese Gefühle noch stärker werden, während ihr das Ende des Weges gemeinsam geht – während sich diese Gefühle noch in dir entfalten, weckt dich der Ruf einen Vogels, und du wachst erholt und erfrischt am Rande des Bächleins auf – noch immer plätschert das Wasser des Baches munter über die Steine – und seine glucksenden Laute erinnern dich entfernt an das Lachen fröhlicher Kinder – erquickt und belebt, sowohl vom Schlaf als auch von den Bildern des Traumes, erhebst du dich und spürst diese neuen Empfindungen in deiner Brust – tief die frische Luft in deine Lungen einatmend – bemerkst du, wie diese Frische dich weiterzieht – und so verlässt du den Bach und auch das Wäldchen und setzt beschwingt deinen Weg in dieser unberührten Natur fort – mit offenem Herzen kannst du nun den Reichtum, den das Leben dir schenkt, empfangen – und auch jede deiner Fähigkeiten in dein Leben einfließen lassen – es ist gut zu wissen, dass du die Schönheit dieses Momentes in dir trägst – und auch wenn du gleich deine Reise beenden wirst, kannst du frei und unbeschwert deine Erfahrungen mitbringen – mitbringen zurück an deinen sicheren Platz – du nimmst dir dort all die Zeit, die du brauchst, um ganz zurück ins Hier und Jetzt zu kommen – –

die inneren Bilder verblassen – lösen sich langsam auf – während du kräftig ein- und ausatmest – die Unterlage, auf der du liegst, wieder wahrnimmst – meine Stimme wieder anders hörst – die Musik in diesem Raum lauter klingt – und du mit dem nächsten kräftigen Atemzug dich schon etwas bewegen magst – deine Hände und Füße und auch deinen übrigen Körper – dich dehnst und streckst – und dich auf der Unterlage rekelst – und all das tust, von dem du weißt, dass es dich wieder ganz hierher zurückführt – zurück in diesen Raum – um mit dem nächsten Atemzug sanft deine Augen zu öffnen –

....

Der Blick hinter die Maske

Ich bin in der Lage, meine Schwächen zu offenbaren und meine Stärken zu zeigen.

Ziel der Reise:	Selbstehrlichkeit, Authentizität und Kongruenz Masken ablegen und das wahre Gesicht zeigen Verantwortung für die eigenen Wünsche und Bedürfnisse übernehmen
Dauer der Reise:	ca. 25 Minuten
Symbolik:	fremdes Land = neue Möglichkeiten Maske = schwaches Selbstwertgefühl
Musikbegleitung:	*Sternenglanz* von Arnd Stein
Nachbearbeitung:	Nach dieser Reise bietet sich eine Satzvervollständigung an. Die Klientin soll den Satz »Wenn ich mich so zeige, wie ich wirklich bin, dann …« ergänzen. Dies kann schriftlich erfolgen oder im Gespräch. Wichtig dabei ist, dass sie nicht nachdenkt, sondern die Worte einfach fließen lässt, ohne sie vorher zu zensieren. Dadurch lässt sich noch in Erfahrung bringen, welche Ängste unbewusst ein authentisches Verhalten verhindern.

Es ist so weit, du hast dich entschlossen, diesen dir vertrauten Zustand der Entspannung aufzusuchen – einen Zustand, den dein Körper vielleicht fast von alleine finden kann – wenn er die Unterlage wahrnimmt – von der er weiß, dass sie ihn hält und trägt – sodass jeder Muskel einfach **loslassen** kann, jede Zelle sich der Entspannung hingeben – und dein Geist so frei wird, dass er dahinschwebt wie ein Adler in den klaren Lüften der Berge – jedes Geräusch, das in dieses Erleben eindringt, bewirkt, dass dieses Schweben **leichter** wird und sich auf den Körper überträgt – der **ruhig** und **sicher** auf der vertrauten Unterlage ruht – wie auch jeder Gedanke dazu beitragen kann, **tiefer** in die Unterlage zu sinken – fast wie ein Samenkorn, das in die herbstliche Erde gestreut – **tief** in sie einsinken kann – und dort eingebettet und vollkommen geschützt verweilt, in Sicherheit abwartet, bis die rechte Zeit gekommen ist – so wie auch du abwarten kannst, um diese Entspannung wahrzunehmen – die sich immer mehr in dir auszubreiten vermag – jetzt oder gleich – und es ist nicht wichtig, zu wissen, wann du das bemerken wirst – oder wo zuerst –

denn du kannst schon jetzt deinen Platz der Sicherheit aufsuchen – einen Ort, der dir möglicherweise vertraut ist, und von dem aus du deine Reise beginnen kannst – und wenn du bereit bist, kannst du dich auf den Weg machen zu deinem heutigen Ziel –

du hast dir vorgenommen, hinter den Vorhang der Selbstlügen zu schauen – heute willst du wirklich sehen – ohne Schleier, ohne Selbstbetrug – willst erkennen und wissen – willst ehrlich dir selbst gegenüber sein – und so ist es einfach für dich, in einem Land anzukommen, dessen Sprache du nicht verstehst – das dir fremd ist – Menschen jeglichen Alters und Geschlechts begegnen dir auf den Straßen – lächeln dich freundlich an – oder gehen grußlos an dir vorüber – vielleicht fragst du dich, was du hier willst – was der Grund deines Hierseins ist – doch die hundertfachen fremden Eindrücke lassen diese Frage in den Hintergrund verschwinden – wärst du sehr überrascht, wenn du hier in dieser fremden Umgebung einem Menschen begegnen würdest, der dir sehr bedeutsam erscheint? – Einem Menschen, von dem du plötzlich wüsstest, dass er dir enorm wichtig ist? – Einem Menschen, der dir viel bedeutet – warum auch immer – und dem gegenüber du dich ehrlich und authentisch zeigen möchtest? – Einem Menschen, dem du nicht nur deine Schokoladenseite zeigen willst – sondern der dich in allen Facetten deines Wesens kennenlernen soll – der dich wütend und fröhlich erleben darf – auch langweilig und unausgeschlafen – aber auch charismatisch oder deprimiert – du zeigst dich dieser Person auch unsicher und hilflos – genauso wie du deine Träume und Sehnsüchte enthüllst – und ihr von deinen Ängsten und Sorgen erzählst – es ist schon erstaunlich, wie anders man sich begegnen kann, wenn man fremd und unbekannt ist – ist es nicht so? – Denn du bemerkst, dass du niemandem gefallen musst – dass keiner eine Schublade offen hat, in die du hineinpasst – dass niemand erwartet, dass du auf eine bestimmte Art und Weise reagierst – und all das bewirkt, dass du ehrlich zu dir selbst bist – dass du dir gestatten kannst, verunsichert zu sein – weil alles fremd und unbekannt ist – dass es dir möglich ist, um Hilfe zu bitten – dass du dir eingestehen kannst, wie sehr es dich freut, jemanden kennengelernt zu haben, dem du dich so zeigen kannst, wie du wirklich bist – und so gehst du freudig auf andere Menschen zu – lässt dir anmerken, wie erleichtert du darüber bist, freundlich aufgenommen zu werden – und erzählst von deinen bisherigen Eindrücken – vielleicht wird dir dabei klar, dass du bewusst dieses Land gewählt hast, um genau das zu erleben, was gerade geschieht – und so beobachtest du, welche Gedanken dir durch den Kopf ziehen – welche Gefühle dich beschäftigen – und wie sehr du dir wünschst, ehrlicher und authentischer zu sein – den anderen Menschen und dir selbst gegenüber – und überraschenderweise teilst du all das deinem Gegenüber mit – was bewirkt, dass dir ein strahlendes Lachen und ehrliche Freude geschenkt wird – und so ist es euch möglich, gemeinsam, vielleicht sogar Hand in Hand – durch diese dir fremde Gegend zu laufen – und euch all das zu erzählen, was sonst vielleicht tabu ist – von den vielen Situationen, in denen du Dinge nicht ausgesprochen hast, aus Angst, missverstanden zu werden – aus der Befürchtung heraus, nicht ernst genommen zu sein – aus der Sorge, dann nicht mehr dazuzugehören – und auch von den Tagen, an denen du ärgerlich warst, es dir aber nicht hast anmerken lassen – von den Gelegenheiten, die du aus Angst vor Misserfolg hast vorüberziehen lassen, – von den vielen kleinen Lügen, um besser dazustehen – und von den häufig undurchsichtigen Manövern, weil dir der gerade Weg suspekt erschien – wie erleichternd es doch ist, sich so zu zeigen, wie man wirklich ist – wie frei es sich dabei atmen lässt – und wie gut es sich anfühlt, wenn man den anderen hinter die Maske blicken lässt – und ist es nicht wunderbar, zu erfahren, dass gerade diese Ehrlichkeit besonders geliebt wird – dass genau diese Qualität bisher vermisst wurde – dass es diese Offenheit ist, die bewirkt, dass dein Gegenüber sich traut, sich dir in ähnlicher Art und Weise zu öffnen – sodass eine Tiefe und Präsenz in eure Beziehung kommen kann, die einmalig ist und erhebend – dass plötzlich wirkliche Nähe möglich wird, die so intensiv und so echt ist, dass es dir gelingen kann, sie auch in deine dir bekannte Umgebung mitzunehmen – sie in deinem Alltag zu leben – den du plötzlich wieder um dich herum hast – denn auf wundersame Art und Weise bist du zurückgekommen in dein Land – in deine Stadt – in deine dir bekannte Welt – um zu erfahren, dass du die gewonnenen Erfahrungen auch hier leben kannst – denn du kannst dich als die wahrnehmen, die du auch in der Fremde warst – ehrlich und authentisch gehst du geradewegs auf jemanden zu, um genau das auszudrücken, was du empfindest – und auch wenn es noch neu ist und dir vielleicht Herzklopfen bereitet, ist es doch sehr erhebend, zu erfahren, dass es dich befriedigt, deine ehrliche Meinung ausgedrückt zu haben – dass es dich stolz macht, zu dir zu stehen – und dass du auch bereit bist, die Konsequenzen aus deinem Tun zu tragen – wie einfach das Leben doch sein kann, wenn Masken abgelegt werden und Ehrlichkeit sich selbst gegenüber und Mut zutage treten können – wie gut es sich anfühlt, wenn dadurch das Selbstbewusstsein und die Selbstachtung mehr werden – und wenn Freude und Befriedigung einziehen können – ist es nicht so? – Und lasse dich davon überraschen, wie es dir möglich sein wird, all das in dein Wachbewusstsein mitzunehmen und in deinen Alltag zu integrieren – denn es ist nicht notwendig, zu wissen, auf welche Art und Weise dein Unterbewusstsein dafür sorgen wird, dass es geschieht – früher oder später wirst du bemerken, dass Echtheit und Ehrlichkeit deine Worte und Handlungen bestimmen und dein Wesen ausmachen – sodass du nun einfach die inneren Bilder verblassen lassen kannst –

sie lösen sich einfach auf und treten in den Hintergrund – auch die Eindrücke deines sicheren Ortes, den du kurzzeitig noch einmal aufsuchst, verblassen – und dann kommst du in deiner Geschwindigkeit zurück – zurück auf diese Unterlage – die du nun wieder anders spürst – zurück in diesen Raum, mit seiner leisen Musik und meiner Stimme – zurück in deinen Körper, der sich bewegen will – weil du immer mehr und immer kräftiger ein- und ausatmest – und dich dabei dehnst und streckst – und deine Hände zu Fäusten ballst – und mit jedem Atemzug wirst du wacher und frischer und öffnest dann einfach deine Augen und bist wieder ganz im Hier und Jetzt –

....

Das Gipfelkreuz

Mit dem Feuer der Begeisterung fällt es mir leicht, meine Ziele zu erkennen und zu erreichen.

Ziel der Reise:	Hindernisse und Blockaden überwinden, um ein Ziel zu erreichen
Dauer der Reise:	ca. 20 Minuten
Symbolik:	Berge = Herausforderungen Wege = verschiedene Möglichkeiten, die Herausforderungen anzugehen Gondel = leichter Weg zum Gipfel Blumen = Ausdruck von Gefühlen Gipfelkreuz = Erreichen des Ziels
Musikbegleitung:	*Frühlingsmorgen* von Arnd Stein
Nachbearbeitung:	Lassen Sie Ihre Klientin eine Satzvervollständigung machen. Der Satz beginnt mit »Wenn ich mein Ziel erreiche, dann …« Die Klientin soll den Halbsatz immer wiederholen und aus dem Bauch heraus beenden. Dadurch können unbewusste Blockaden, aber auch Unterstüzendes ans Licht kommen.

Mache es dir ganz bequem – und rücke dich so zurecht, dass es angenehm ist, wie du liegst – beobachte, ob du noch irgendetwas verändern möchtest – ob es wirklich bequem ist – wenn alles stimmt und du dich wirklich wohlfühlst, so, wie du hier liegst – gehe mit deiner Aufmerksamkeit in deine Füße – spüre, wie deine Fersen die Unterlage berühren – und spanne beim nächsten Einatmen deine Füße an – ziehe die Zehen zu dir heran – fest anziehen – lasse beim Ausatmen einfach **los** – und gleich noch mal – beim Einatmen anziehen – beim Ausatmen **loslassen** – und nun in deinem eigenen Atemrhythmus – beim Einatmen die Beine leicht anheben – und gleichzeitig anspannen – ganz fest anspannen – und beim Ausatmen wieder **lösen** – und einatmen und dein Becken anspannen – und ausatmen und gleichzeitig **loslassen** – noch einmal anspannen – und entspannen – nun deinen Bauch anspannen – und mit dem nächsten Ausatmen entspannen – in deinem Rhythmus, auf deine Art – und deine gesamte Rückenmuskulatur beim Einatmen anspannen – und beim Ausatmen loslassen, einfach **loslassen** – nun die Fäuste ballen und anspannen – dabei tief einatmen – und ausatmen und entspannen – die Arme leicht anheben, mit dem Einatmen anspannen – und mit dem Ausatmen **lösen** – spanne nun die Schultern und den Nacken an – und beim Ausatmen wieder **loslassen** – mit dem nächsten Einatmen spanne deinen gesamten Körper an, ganz fest anspannen – und ganz bewusst **lösen** – nimm wahr, wie dein Körper einfach entspannt – einfach **loslässt** – fast von alleine – so wie er jede Nacht einfach lockerlässt – und bemerke dabei, dass dein Geist hellwach bleiben kann, während dein Körper schläft –

so kannst du nach innen gehen, in die Welt deiner Bilder und Gefühle – wo du einen Platz hast, an dem du dich sicher und geborgen fühlst – der jetzt einfach vor deinem geistigen Auge auftaucht – und den du dir ganz genau anschaust – auch kannst du hören, was es an diesem Ort zu hören gibt – vielleicht kannst du sogar einen ganz speziellen Geruch wahrnehmen – mit diesem besonderen Gefühl von Sicherheit und Geborgenheit – das du mitnehmen kannst auf deine weitere Reise –

die dich in die Berge führt – die du jetzt gerne besteigen möchtest – du selbst kannst entscheiden, welchen Weg du gehen magst – einen langen, flachen vielleicht – oder einen kurzen, steilen – vielleicht möchtest du sogar eine Seilbahn benutzen, die vom Fuße des Berges bis zum Gipfel hochfährt – auf dem im Schein der Morgensonne, hoch über den letzten Baumwipfeln, das Gipfelkreuz aufragt – auf deine ganz eigene Art und Weise machst du dich bereit, einen der Berge zu besteigen – bevor du losgehst, schaust du noch mal in deinen Rucksack – denn du weißt, wenn man ein Ziel erreichen will, ist die Planung sehr wichtig – und siehe da, dein Rucksack ist gefüllt mit allem, was du eventuell brauchen könntest – neben einer schmackhaften Vesper und deinem bevorzugten Getränk stecken Mut und Zuversicht, Selbstvertrauen und Durchhaltevermögen darin – aber auch Dankbarkeit, Demut, Respekt und Toleranz – du hast auch an Freude, Leichtigkeit und Lachen gedacht – selbst Kreativität, Spontanität und Risikobereitschaft sind darin verstaut – Wünsche, Glauben und Vorstellungen packst du noch zusätzlich ein – bevor du, zufrieden mit deiner Ausrüstung, losmarschierst – ein lauer Wind begleitet dich und lässt die Blätter in den Bäumen rauschen – während die Sonne warm auf deine Haut scheint – und du zufrieden den Duft der Tannen einatmest – die Zeit vergeht – längst hast du deinen Weg gewählt – und gehst ihn, wie du es für richtig hältst – von Zeit zu Zeit nimmst du aus deinem Rucksack, was nötig ist, um dein Ziel zu erreichen – hin und wieder legst du Pausen ein, erfreust dich an der Schönheit der Umgebung – denn die Flora und die Fauna in den Bergen sind eine ganz andere, als du sie aus den Tälern kennst – und so finden deine Augen immer wieder Gelegenheit, Neues zu entdecken und zu ergründen – deshalb wird der Aufstieg für dich auch ein Quell der Entdeckerfreude und Spannung – sodass der Weg fast lohnender erscheint als das Ziel – das immer näher rückt – immer größer wird – und deine Vorfreude wachsen lässt – bald hast du es geschafft – der blaue Himmel erstreckt sich bis zum Horizont – nur vereinzelt sind aus der Tiefe des Tals die Geräusche von fahrenden Autos zu hören – die Luft schmeckt frisch und klar – das Ziel vor Augen gehst du die letzten Schritte etwas schneller – trotzdem erspähen deine Augen die bunten Blumen am Wegrand – die sich sanft im Wind bewegen – während du freudig deinen Herzschlag spürst – und voller Stolz, dein Ziel erreicht zu haben, nimmst du deinen Rucksack am Gipfelkreuz vom Rücken – lehnst ihn an das Kreuz – und bewunderst die atemberaubende Aussicht, die sich deinen Augen bietet – ja, es hat sich gelohnt, all die Anstrengungen auf dich genommen zu haben – das Ziel entschädigt dich für alle Mühen oder Zweifel, die du auf dem Weg hierher gehabt hast – du hast es geschafft – du hast dein Ziel erreicht – mit diesem Wissen kannst du die grandiose Aussicht genießen – und die reine Gebirgsluft tief einatmen – sie ermöglicht es dir, deinen Brustkorb zu weiten und zu dehnen – und ein Gefühl von Freiheit und Leichtigkeit zu verspüren – auch wenn der Aufstieg in diese luftigen Höhen nicht immer leicht war, entlohnen dich die Szenerie und die Empfindungen, die du nun erleben darfst – Befriedigung und auch Stolz auf deine Leistung stellen sich ein – denn nicht immer wird das Gipfelkreuz erreicht – so mancher gibt vorher auf – du aber hast dir bewiesen, dass es zu schaffen ist – und die berechtigte Freude darüber lässt deine Brust anschwellen – genieße all diese Eindrücke und Gefühle – – –

bevor du wieder an deinen sicheren Platz zurückkommst– an deinen Ort der Sicherheit – wo die Bilder langsam verblassen und in den Hintergrund verschwinden – gestärkt und ausgeruht verspürst du vielleicht schon jetzt, wie sich einzelne Körperteile bewegen möchten – die Hände vielleicht oder die Füße – und wenn du magst, kannst du deine Bewegungen unterstützen, indem du, zuerst sanft, dann immer fester, deine Hände zu Fäusten ballst – oder deine Zehen anziehst – dadurch spürst du auch die Unterlage, auf der du liegst – und dehnst und streckst deinen Körper – sodass du mehr und mehr hierher zurückkommst – indem du alle Glieder fest anspannst und wieder loslässt – kannst du ganz hier ankommen und deine Augen öffnen – jetzt –

....

Der Baum, der ich bin

Im Einklang mit dem Universum
finde ich zu meiner wahren Bestimmung.

Ziel der Reise:	Fantasiereise durch die fünf Elemente den Kreislauf der Natur (und somit auch unseren eigenen), das Werden und Vergehen erleben, um dadurch den eigenen Weg leichter gehen zu können
Besonderheit:	Diese Reise ist nicht in der vertrauten Du-Form geschrieben, sondern in Verallgemeinerungen. Das bewirkt, dass die Reisenden sich automatisch mit den jeweils angesprochen Hauptprotagonisten – in dieser Reise mal die Menschen oder ein Baum – identifizieren. Außerdem sind in die Reise Affirmationen und Farbwahrnehmungen eingebettet, die energetisch zum jeweiligen Element passen.
Dauer der Reise:	ca. 30 Minuten
Symbolik:	Baum = die Klientin selbst Wurzeln = verwurzelt und geerdet sein Wiese = Seelenlandschaft Blumen = Ausdruck von Gefühlen Bach = Gefühle Früchte = versorgt sein
Musikbegleitung:	*Musikalische Traumpfade* von Sylvia Bieber
Nachbearbeitung:	den Baum im Kreislauf der Jahreszeiten malen

Mache es dir nun wieder ganz bequem auf deiner Unterlage – die Arme liegen einfach locker neben dem Körper oder sanft auf dem Bauch – während die Beine nebeneinander ruhen – und indem du in dich hineinspürst und beobachtest, ob du noch etwas verändern willst – kannst du jedem Impuls nachgeben, der da sein mag – sodass du hier **ruhig** und **sicher** liegen kannst – und alle Geräusche, die du eventuell hörst, einfach in deine Entspannung integrieren darfst – du kannst alles, was du wahrnimmst einfach dazu beitragen lassen, dass du **tiefer** und **tiefer** sinkst – indem deine Aufmerksamkeit sich auf deinen Atem richtet – der ganz von alleine **kommen** und **gehen** kann – erlaubst du dir, dass mit jedem Einatmen **Ruhe** und Entspannung einkehren – und mit jedem Ausatmen darfst du abgeben, was du gerade nicht brauchst – bis dein Atem langsam seinen eigenen Rhythmus findet – ist es manchmal gut, sich ein wenig nach innen zur orientieren – und den Körper so zu beeinflussen, dass er sich entspannen mag – dies kann ganz einfach geschehen, indem du versuchst, mit deiner Aufmerksamkeit in deine Beine zu gehen – und du kannst dich fragen, wie schwer die Beine die Unterlage eindrücken – und was du hier **loslassen** möchtest – abgeben an die Unterlage – während deine Aufmerksamkeit höher steigt in dein Becken – kannst du wahrnehmen, wie sich dieses anfühlt – mit welchem Druck es auf dem Boden aufliegt – und was es vielleicht ebenfalls **abgeben** möchte – Anspannung **abgeben** und Entspannung **aufnehmen** – kannst du deine Aufmerksamkeit in deinen Bauch richten – der sich im Rhythmus deiner Atmung **hebt** und **senkt** – genau wie dein Brustkorb – und indem du in ihn hineinspürst, fühlst du, was du **abgeben** möchtest – spürst du, wie dieses **Loslassen**, dieses **Abgeben** sich weiter ausbreitet in deinen Rücken – und während du das spürst, kannst du schon mehr und mehr **loslassen** – und mehr und mehr **entspannen** – und vielleicht sogar schon bemerken, wie dein Körper **weicher** wird – **weiter** – **warm** und **weit** – vielleicht – und dann weiter hineinspüren in deine Arme – und merken, wo sie die Unterlage berühren – sodass du auch hier **abgeben** kannst, was du **abgeben** möchtest – wobei dein Einatmen deine Aufmerksamkeit höher steigen lässt, in deine Schultern – und du dir bewusst wirst, was diese zu tragen haben – wie viel Last sie tragen können – um dann nachzuschauen, was du von dieser Last **abgeben** möchtest – ist es dir auch möglich, **abzugeben** – und zu erkennen, wie sie **weicher** und **lockerer** werden – während deine Aufmerksamkeit in deinen Kopf wandert – der die Unterlage berührt – und du spürst, mit welchem Druck er die Unterlage eindrückt – und was ihn belastet – kannst du zugleich erleben, dass du **abgeben** kannst – auch hier **abgeben** kannst, was du **loslassen** möchtest – indem deine Aufmerksamkeit sich auf dein Gesicht richtet – und du dir den Abstand zwischen deinen Augen vorstellen kannst – und wie sich die Zunge in deinem Mund anfühlt – dein Kinn, wie es **weicher**, **entspannter** wird – wenn deine Aufmerksamkeit es erreicht – all das kann dein Körper ganz alleine für dich tun – während du hier liegst und deine Gedanken **kommen** und **gehen** können – wie eine Welle – und du mit jedem Ausatmen ein kleines bisschen mehr **loslässt** – ein kleines bisschen **tiefer** sinkst – dich der Unterlage anvertraust – so wie jede Nacht – kann dein Geist hellwach sein und nach innen gehen, in die Welt deiner Bilder und Gefühle – –

sich einfach mal vom Alltag zurückzuziehen an einen Ort, der Sicherheit und Ruhe verspricht, ist für viele Menschen mit einem Hinauskommen in die Natur verbunden – dorthin, wo man endlich einmal zu sich kommen, ganz bei sich sein kann – –

wie etwa bei einem Spaziergang durch Wiesen und Felder – wenn die Sonne warm das Gesicht bescheint, und ein lauer Wind sanft über die nackten Arme streicht – kann das bewirken, dass Freude und Leichtigkeit spürbar die Brust weiten – wenn der beschwingte Schritt durch das satte Grün der Gräser den gleichen Rhythmus hat, wie das muntere Zwitschern der Vögel, die sich im Geäst der Bäume tummeln – führt das oft dazu, dass dieser Rhythmus aufgenommen wird von jeder Zelle des Körpers – für manche ist diese Erfahrung verknüpft mit dem typischen Geruch einer bunten Sommerwiese – oder mit dem Geräusch eines sanft plätschernden kleinen Baches – mit geschlossenen Augen lässt sich das Murmeln des Baches noch intensiver erleben – vielleicht sogar das Wasser schmecken – und diese saubere, frische Luft tief einzuatmen, lässt ahnen, wie viel Lebendigkeit, wie viel Leben hier ist – dieses Leben zu spüren, diese Lebendigkeit wahrzunehmen, macht frei und stark – stark wie ein Baum, der sich hier majestätisch präsentiert – der Schutz und Heimat für viele Tiere bietet – und der einlädt, eine ganz besondere Erfahrung mit ihm zu machen – sich unter seiner Schatten spendenden Krone auszuruhen, an seinen Stamm gelehnt vor sich hinzudösen ist sehr verlockend – die Rinde im Rücken zu spüren, bewirkt, dass seine Kraft und Energie sofort auf dich übertragen wird – dass eine Verschmelzung stattfindet, und das Bewusstsein des Baumes sich mit deinem Bewusstsein verbinden kann – zu spüren, mit den Wurzeln tief und weit im Erdreich verwurzelt zu sein – gibt Sicherheit und Mut – die warme Erde verleiht festen Halt, und der rote Energiestrom, der unaufhaltsam über die Wurzeln durch den starken Stamm hinauf bis in die kleinsten Äste und Zweige strömt, ruft ein Gefühl des Einsseins mit dir selbst hervor – und des Einklangs mit dem Rhythmus der Natur – mit den langen Tagen und kurzen Nächten – die bewirken, dass diese rote Energie immer stärker wird – dass die Wurzeln sich weiter ausbreiten, und die Blätter grüner und kräftiger werden – dass sich aus den Blüten kleine Früchte bilden und allmählich heranreifen – und dass Regen, Sonne und Wind mit den Blättern an den Zweigen spielen – dieses Im-Fluss-Sein lässt den Sommer sich langsam in den Spätsommer verwandeln – – die reifen Früchte leuchten in glänzendem Gelb und hängen schwer an den Zweigen – der stärker werdende Wind rüttelt und schüttelt, bis die Früchte mit einem dumpfen Plopp auf der Erde landen, einen süßen Duft verströmend – der andere Lebewesen anzieht, um ihnen als Nahrung zu dienen – in der Sicherheit ruhend, dass der Lauf der Natur seine Richtigkeit hat, entsteht ein Gefühl der Zufriedenheit und der Geborgenheit – entspannt und gelassen strecken sich die nun leichter werdenden Äste dem Himmel entgegen – in dem Vertrauen, das Beste zu geben, geht der Kreislauf der Jahreszeiten weiter – – herabfallendes buntes Laub zeugt vom Herbst – Ruhe und Gelassenheit sind eingezogen – der Sommer ist zu Ende – die Tage werden kürzer – und der Wind weht stärker – wahrzunehmen, wie die tief in die Erde hineinreichenden Wurzeln keine neue Energie mehr aufnehmen – lässt ein Gefühl von Ruhe und Demut, von innerem Frieden und Gleichmut eintreten – der harmonische Austausch, das Gleichgewicht zwischen Geben und Nehmen, ist Teil der Existenz – und vom Wind getragen ist es ein Leichtes, freudvoll loszulassen, um Raum zu schaffen für positive Veränderungen – und wenn nun der erste silberne Raureif die

Zweige umspannt und grauer Nebel die Landschaft einhüllt, ist es leicht, unbeschwert Nein zu sagen zu allem, was jetzt unwesentlich geworden ist – – denn der Winter hat Einzug gehalten – die Zeit ist gekommen, um sich auszuruhen und die sanfte und ruhige Energie zu spüren – tief verborgen schlummert sie mit dem unerschütterlichen Vertrauen in das Leben – ein kalter Wind weht durch die Äste und Zweige – Schneeflocken wirbeln um die Krone – bedecken bald schon das gesamte Land – bläulich glitzern die Kristalle, und die Sonne lässt sie funkeln – die Kräfte der Natur sind im Gleichgewicht – harmonisch gestaltet sich das Leben selbst – im Einklang mit dem Leben, alle Herausforderungen annehmend, gestaltet sich die Existenz immer neu – und als Teil dieser Existenz ist es leicht, die Liebe zum Leben immer wieder neu erwachen zu spüren – – so wie im Frühling mit dem jungen Grün die Natur auch wieder erwacht – die Vögel munter zwitschern – und in den Zweigen ihre Nester bauen – in dem Vertrauen darauf, dass dieser tief verwurzelte starke Baum geduldig und gelassen Heimat bietet – ausgeruht und entspannt, bereit, den Kreislauf des Lebens erneut zu spüren, strecken sich die Zweige dem Licht entgegen – prickelnde, junge, grüne Energie steigt von den Wurzeln hoch ins Geäst – die warme Frühlingssonne streichelt sanft die ersten jungen Knospen – und wenn der Wind durch die Zweige weht, beginnt dieses junge Leben geradezu zu reden, zu wispern, zu flüstern – und auf dieses feine Rauschen zu achten, lädt dazu ein, zu träumen und teilzuhaben an diesem Gespräch – sich zu öffnen für die geflüsterten Botschaften, die vielleicht von getroffenen Entscheidungen sprechen – oder von Zielen, die mit Leichtigkeit erreicht werden – und bewirken, dass ein Gefühl von Glück und Vorfreude entsteht – ein Verständnis für klare Entscheidungen – ein festes Wissen um das, was wirklich ist – – und auch wenn der Kreislauf des Lebens weitergeht – wenn Sonne, Wind, Regen oder Schnee sich abwechseln – das Bewusstsein dessen, was wirklich ist, wird immer vorhanden sein – wird dazu beitragen, dass ein Wohlfühlen, ein Zufriedensein und immer wieder ein Neuanfang möglich sind – – und beim Gesang und Zwitschern der Vögel, die jetzt vielleicht besonders deutlich zu hören sind, fällt es leicht, das Bewusstsein des Baumes zu verlassen und zurückzukommen ins eigene Bewusstsein – angelehnt an den Stamm des starken Baumes – mit der Bereitschaft, das Erlebte mitzunehmen – und dieses Erlebte ist vielleicht wie ein Fundament, das dir versichert »Du hast alles in dir, was du brauchst – du kannst zurückgreifen auf alles, was dir hilft, dein Ziel zu erreichen« – – ist vielleicht wie ein Versprechen, das dir sagt »Du hast die Fähigkeit, in das einzutauchen, was dich unterstützt, um in unerschütterlichem Glauben deinen Weg zu gehen – –«

mit diesem tief verankerten Wissen ist es dir ein Leichtes, dich von deinen inneren Bildern zu verabschieden – und auf deine Art und Weise zurückzukommen zu deinem sicheren Platz – hier kannst du langsam deinen Körper wieder wahrnehmen – die Füße und die Fersen, die die Unterlage eindrücken – die Beine und dass diese sich jetzt vielleicht schon etwas bewegen wollen – und das auch tun, während sich deine Aufmerksamkeit auf deinen Atem richtet – und du kräftig ein- und ausatmest – und dabei wacher und frischer wirst – und die Bewegungen, die deine Hände vollführen, weiterführst mit deinen Armen – und nun auch mit deinen Beinen – und du dich dann dehnst und streckst – und mit deiner Aufmerksamkeit hierher in diesen Raum zurückkommst – die Geräusche um dich herum wieder anders wahrnimmst – und dann einfach deine Augen öffnest – um wieder ganz im Hier und Jetzt zu sein –

Sprenge deine Fesseln

Ich lerne immer mehr, meine Ängste zu überwinden und mutig zu mir selbst zu stehen.

Ziel der Reise:	Befreiung von einschränkenden und einengenden Mustern und Prägungen außerdem in die Zukunft reisen, um auszuprobieren, wie die neu gewonnen Möglichkeiten gelebt werden können
Besonderheit:	Im Hauptteil der Reise werden viele Fragen gestellt. Es ist wichtig, der Klientin genug Zeit zu lassen, damit sie die Fragen für sich beantworten kann. Sie sollte die Reise eventuell im Sitzen durchführen, damit die Gefahr des Einschlafens geringer ist. Es kann sein, dass diese Reise sehr emotional erlebt wird. Manchmal ist es daher sinnvoll, der Klientin eine kleine Zusammenfassung der Reise zu erzählen.
Dauer der Reise:	ca. 30 Minuten
Symbolik:	alle Bindematerialen = Abhängigkeiten liebevolle Gestalt = Helfer Becher = das Spendende goldene Flüssigkeit = Heilung
Musikbegleitung:	*Verstrickungen lösen* von Sylvia Bieber
Nachbearbeitung:	Gespräch über die Erlebnisse

Mache es dir nun wieder ganz bequem – rücke dich so zurecht, dass es stimmt, wie du hier liegst (sitzt) – dass du weißt, dass du dich so **wohlfühlen** kannst – und dann, wenn du gut liegst (sitzt), nimm einfach wahr, was es hier wahrzunehmen gibt – und alles, was du wahrnimmst, kannst du dazu nutzen, ganz nach innen, zu dir selbst zu kommen – erlaube dir, deine Augen zu schließen – und dich in deinen Körper einzufühlen – alles, was du an Geräuschen von außen hörst – oder was du hinter deinen geschlossenen Lidern siehst – wie du die Unterlage, auf der du liegst (sitzt), spürst – vielleicht einen Geruch wahrnimmst – all das kann dich nach innen leiten – um Kontakt aufzunehmen mit deinem Unterbewusstsein – und lasse dich überraschen, wie einfach und leicht das geschehen kann – auf deine ganz eigene Art und Weise – zu spüren, wie die Unterlage dich trägt – und wie meine Stimme dich begleitet – den ganz besonderen Geruch in diesem Raum zu riechen – und die leise Musik im Hintergrund wahrzunehmen – kann bewirken, dass du mehr und mehr **loslassen** – **tiefer** zu dir finden kannst – und wenn du wahrnimmst, wie das Licht hinter deinen geschlossenen Lidern aussieht – und die **Ruhe** hier im Raum sich mehr und mehr ausbreitet – dein Körper sich immer **leichter** oder **schwerer** anfühlt – kannst du womöglich spüren, dass du dich immer **wohler** fühlst – dass du immer **tiefer** in die Entspannung kommen magst – und das wachsende Gefühl von Sicherheit genießen darfst – und wenn du deinen Atemrhythmus wahrnimmst – das **Heben** und **Senken** deines Brustkorbes beobachtest – bringt dich das mehr und mehr zu dir selbst – kann das **Loslassen** mehr werden – können sich **Ruhe** und **Gelassenheit** ausbreiten – sich **Schwere** oder **Leichtigkeit** einstellen – während du all das wahrnimmst, bist du **tief** entspannt – **gelöst** und **frei** – in vollkommener Sicherheit – ganz bei dir – ganz in deiner Mitte – – und wenn du spürst, dass all das fast von alleine geschieht – und du **ruhig** und **gelassen** bist – können vor deinem inneren Auge einfach Bilder auftauchen – in denen du an einem sicheren Ort bist – einem Platz, der mit seinem besonderen Duft und seinen typischen Geräuschen Schutz und Geborgenheit bietet – von hier aus machst du dich bereit, auf eine Reise zu gehen –

eine Reise, die dich zu dir selbst führt – zu deinen Einschränkungen und deinen Mustern – deinen Prägungen und deinen Ängsten – und wie immer sich diese auch für dich darstellen mögen – du bist bereit, ihnen zu begegnen – bist bereit, dich ihnen zu stellen – während sich nun vor deinem geistigen Auge die Szenerie verändert – sich Menschen zeigen, mit denen du eng verbunden bist – kannst du wahrnehmen, dass diese Menschen dich geprägt haben – dass sie dir ihre Weltsicht, ihre Normen, übergestülpt haben – es scheint fast, als ob ihre Worte immer noch in dir klingen – und du kannst hören, wie sie dich beeinflussen, immer noch – kannst sehen, wie diese Sätze an dir kleben – auch die Mimik der Menschen kannst du erkennen, während sie dich betrachten – diese leicht hochgezogenen Augenbrauen – vielleicht – oder diese spöttischen Mundwinkel – möglicherweise – das Abwenden und Weggehen – das Dich-allein-Lassen oder Dir-zu-nahe-Kommen – all das kannst du deutlich oder auch verschwommen wahrnehmen – kannst erkennen, wie es dich bindet, wie es dich beeinflusst – wie es bewirkt, dass du anfängst, entsprechend über dich selbst zu denken – und ich weiß nicht, woran du erkennen wirst, welche Person dich hauptsächlich beeinflusst – oder welcher Satz dich am meisten trifft – aber einmal darauf zu achten, bedeutet, dieses Gefühl von »ich bin nicht richtig«, »ich bin falsch« als körperliche Empfindung zu spüren – vielleicht als sichtbares Band wahrzunehmen – das dich mit dieser Person verbindet – und schaue genau hin – nimm wahr, mit wem du auf welche Art und Weise verbunden oder verknüpft bist – – vielleicht siehst du Ketten oder Stricke – vielleicht ein Energie- – oder Lichtband – vielleicht Schnüre, Seile oder Stahlreifen – sieh genau hin – wie bist du verstrickt? – – Spüre diese Verbindungen – wie sie vielleicht an dir zerren – dich einschränken – dich einengen – erkenne, welche Bänder du durchtrennen möchtest – fühle, wie sie dich daran hindern, du selbst zu sein – höre, wie sie dich klein halten – und entscheide, was du tun möchtest – du hast die Wahl – du kannst gebunden und angekettet bleiben oder aber dich befreien – nimm dir Zeit – spüre – nimm wahr – was willst du wirklich? – – – Wenn du dich für die Befreiung entscheidest, dann löse dich jetzt – – kappe die Verbindungen – vielleicht brauchst du eine Schere, eine Säge oder eine Axt – vielleicht ein Messer oder Feuer – vielleicht brauchst du auch Unterstützung – schaue hin – nimm wahr, was nötig ist – du kannst auch um Hilfe bitten – – – spüre, was es wahrzunehmen gibt, wenn du dich befreist – wie fühlt es sich an? – – Was siehst du? – – Was kannst du hören? – – Viele Menschen empfinden nach so einer Befreiung Stolz, andere Trauer oder Verlust – die meisten sind glücklich, zufrieden und voller Leichtigkeit – wie fühlst du dich? – – Spüre dich auf allen Ebenen – und während du dich so wahrnimmst, bemerkst du, dass sich dir eine Gestalt nähert, die dir einen Becher reicht, der gefüllt ist mit einer goldenen Flüssigkeit – tiefgründige Augen schauen dich liebevoll an, während du den Becher entgegennimmst – und die goldene Flüssigkeit trinkst – zugleich kannst du spüren, dass etwas ganz Bestimmtes in dir loslässt – etwas, das sich seit Jahren zum ersten Mal lösen kann – etwas Altes, das nun einfach weggewaschen wird – die Flüssigkeit, die nun dein Innerstes erreicht, bewirkt, dass du ganz wirst – dass Wunden heilen, von denen du gar nichts wusstest – dass Verletzungen sich schließen, ohne dass du verstehst, warum – Friede kann sich nun in deinem Inneren ausbreiten – jede Zelle neu und kraftvoll werden – lebendig und vital – sodass du nun bereit bist, dich den neuen Herausforderungen zu stellen – und deshalb verabschiedest du dich von der liebevollen Gestalt – bedankst dich auf deine eigene Art und Weise bei ihr – und begibst dich auf der Zeitachse in die Zukunft – in eine Situation mit einem Menschen, der dir wichtig erscheint – sieh dich dort genau um – wo bist du? – – Mit wem bist du zusammen? – – Was kannst du hören? – – Wie fühlst du dich? – – Schaue an dir hinab – wie siehst du aus? – – Welche Kleidung trägst du, und wie fühlt sich das an? – – Spüre dich – nimm dich wahr, mit allen Einzelheiten – wie verhältst du dich? – – Wie ist deine Grundstimmung? – – Was hat sich verändert? – Erlebe dich mit all deinen neuen Möglichkeiten – nutze jegliches Potenzial, das du dir zurückerobert hast – spüre und erfahre dich mit deinem neuen Verhalten – bis meine Stimme dich wieder erreicht – –

und langsam wird es Zeit, wieder zurückzukommen – zurück ins Hier und Jetzt, ins Heute – während deine Gedanken noch bei deinen eben gemachten Erfahrungen sind – du die Bilder vielleicht noch vor deinem geistigen Auge siehst – dich selbst noch dort spürst – oder erlebst – kannst du zurückkommen, zurück auf die Unterlage – noch einmal bemerken, was für dich auf dieser Reise wichtig war – das Körpergefühl vielleicht – oder die Menschen, denen du begegnet bist – vielleicht auch das Kappen der Verbindungen – um zu spüren, wie du hier auf der Unterlage liegst – einen kräftigen Atemzug nimmst – der bewirkt, dass deine Gedanken noch einmal abschweifen in deine innere Welt – und du vielleicht noch mal Stimmen hörst – während du erlebst, dass dein Atem deinen Brustkorb hebt und senkt – und du spüren kannst, wie sich deine Arme und Beine bewegen wollen – sich dehnen und strecken mögen – und sich deine inneren Bilder ganz auflösen – sich dein Körper wach und frisch anfühlt – du deinen Atem bewusst steuerst – den Geruch dieses Raumes wahrnimmst – und meine Stimme vollkommen klar hörst – und wenn es für dich richtig ist, öffne einfach deine Augen, und sei wieder ganz im Hier und Jetzt –

Reise in deine Zukunft

Ich bin mir der Einheit von
Körper, Geist und Seele bewusst und kenne meinen Weg,
den ich leicht und spielerisch gehe.

Vorbereitung:	Pläne, Wünsche und Ziele aufschreiben lassen
Ziel der Reise:	körperliche, seelische und geistige Reinigung, um kraftvoll und energetisiert Pläne und Ziele zu verwirklichen
Dauer der Reise:	ca. 25 Minuten
Symbolik:	Floß auf Fluss = getragen von den Gefühlen auf dem Fluss des Lebens Kapelle = Ort der Ruhe und Besinnung Wasserfall = Reinigung von Intellekt und Gefühl Licht = Seelenfunken Windhauch = Klärung, neue Idee alter Weiser = innere Antworten
Musikbegleitung:	*Garten der Stille* von Michael Ramjoue
Nachbearbeitung:	Gespräch über die Erlebnisse während der Reise

Du kannst jetzt einfach damit beginnen, deine ganze Aufmerksamkeit auf deinen Körper zu richten – es deinem Körper erlauben, die Lage zu finden, in der er sich wirklich wohlfühlt – und du weißt, es ist wirklich nicht wichtig, ob du dich bewegst oder still liegen bleibst – mache es dir jetzt so bequem, dass es sich für dich gut anfühlt, wie du hier liegst – und alles, was du wahrnimmst, kannst du dazu nutzen, ganz nach innen zu gehen, um zu dir zu kommen – alles, was du an Geräuschen von außen hörst – oder was du hinter deinen geschlossenen Lidern siehst – wie du die Unterlage, auf der du liegst, spüren kannst – vielleicht einen Geruch – oder deinen eigenen Geschmack wahrnehmen kannst – all das kann dich ganz nach innen führen – wo du Kontakt mit deinem Unterbewusstsein aufnehmen kannst – und lasse dich überraschen, wie einfach und leicht das geschehen kann – auf deine ganz eigene Art und Weise – und während du vielleicht schon jetzt etwas entspannter bist – kannst du deine Aufmerksamkeit auf deinen Atem richten – spüren, wie sich beim Einatmen **tief** in deinen Bauch deine Bauchdecke hebt – und wie du beim Ausatmen ganz entspannt **loslässt** – wie du durch den Atem den Bauch **weit** und frei machen kannst – und wie du den Atem lang und **tief** fließen lassen, ausströmen lassen kannst – spüre deinen eigenen Atemrhythmus – wie er dich dabei unterstützt, ganz zu dir zu kommen, ganz bei dir zu sein – und während deine Aufmerksamkeit bei deinem Atem ist – kannst du dich daran erinnern, wann du das letzte Mal vollständig losgelassen hast – dich entspannt hast – und was alles dich dabei unterstützt hat – diesen angenehmen Zustand von **Gelöstheit** zu erleben – sodass du wieder in diesen Zustand kommen kannst – und dein Geist kann dabei nach innen gehen – in die Welt deiner Bilder und Gefühle – er bleibt hellwach und folgt meiner Stimme– die dich nun an einen sicheren Platz leitet –

an einen Ort, an dem du dich wohl und behütet fühlen kannst – einfach an einen Platz, der dir Schutz und Kraft bietet – du kannst dich hier genau umschauen – und wahrnehmen, was es wahrzunehmen gibt – und während du das tust, kannst du vielleicht auch Gerüche und Geräusche bemerken – die es nur hier wahrzunehmen gibt – dein Unterbewusstsein stellt dir hier alles zur Verfügung, was du brauchst, um sicher auf den Schwingen der Fantasie deine Reise anzutreten –

du kannst dir erlauben, deine Reise auf einem Floß zu beginnen, das ruhig und gemächlich langsam auf dem Fluss dahintreibt – dich sanft auf und ab schaukelt – und eventuell bewirkt, dass du dich frei und unbeschwert fühlst – von den Sonnenstrahlen gestreichelt, kannst du eine angenehm wohlige Ruhe empfinden, die sich mehr und mehr in dir ausbreitet – und während du so auf dem Fluss dahintreibst und dabei die Sonne genießt – erfasst du neben dem Plätschern des Wassers vielleicht auch das Singen von Vögeln – die munter durch die Lüfte fliegen – während du an den Ufern des Flusses vorbeigleitest, kannst du es dir gestatten, immer lockerer, immer entspannter zu werden – und dabei immer mehr zu dir selbst zu gelangen – etwas in dir weiß, dass dies der Fluss deines Lebens ist – der dich in deine Zukunft trägt – in die Kraft deines Seins – in die Möglichkeiten deines Erlebens – und während das geschieht, kannst du erkennen, was an den Ufern des Flusses so wächst – welches Wetter hier heute herrscht und welche Jahreszeit gerade ist – auch die Tageszeit wird dir bewusst – du bist offen für neue Erfahrungen, die du auf dem Weg zu dir selbst machen wirst – die Bilder der vorbeiziehenden Landschaft begleiten dich, je mehr du beobachtest, was um dich herum geschieht – und so kannst du schon bald eine dir irgendwie vertraut erscheinende Kapelle auftauchen sehen – es ist nicht wichtig zu wissen, weshalb sie dich magisch anzieht, sodass du dein Floß ans Ufer lenkst, um mit zügigem Schritt auf sie zuzugehen – etwas in dir weiß, dass du hier in dieser Kapelle mit wertvollen Teilen von dir in Kontakt kommen kannst, die dir völlig neue Perspektiven öffnen werden – und mit diesem Wissen fällt es dir leicht, die Kapelle zu betreten, die seltsamerweise innen viel größer ist als von außen zu vermuten war – etliche Türen führen vom Hauptraum in die verschiedensten Räume – ich frage mich, ob du die Tür mit der Aufschrift »Raum der Heilung« schon entdeckt hast – wenn du erst einmal durch diese Tür gegangen bist, wirst du bemerken, dass dir feengleiche Wesen Zeichen geben, ihnen zu folgen – sodass du in einen wunderschönen hohen Raum mit vielen Wasserfällen gelangst – vielleicht hast du bisher noch nicht gewusst, dass eine körperliche Säuberung auch innerlich eine Reinigung bewirkt – und möglicherweise wunderst du dich, wie frei und beschwingt du dich fühlst, nachdem die fallenden Wasser deinen Körper umspült haben – die Reinheit des Wassers und die liebevolle Behandlung deiner Helferinnen lassen alles Schwere, alles Belastende und Dunkle von dir fließen, und Leichtigkeit und Unbeschwertheit breiten sich aus – wer weiß schon genau, ob diese Leichtigkeit und Unbeschwertheit nicht dazu führt, dass all deine körperlichen Beschwerden von dir abfallen wie Blätter im Herbst von den Bäumen? – Es ist auch völlig in Ordnung, dass du die Massage genießt, die dir deine Helferinnen anbieten – damit sich bis in die tiefsten Tiefen deines Gewebes, bis in jede deiner Zellen, alles Harte, alles Blockierende auflösen kann – um Platz zu schaffen für Lebendigkeit und Unternehmungsgeist – dich den wissenden Händen der Frauen anzuvertrauen, bedeutet auch gleichzeitig, zuzulassen, dass Loslassen geschehen darf – dass Kontrolle aufgegeben wird – und Hingabe entwickelt werden kann – und nachdem du so viel umsorgt worden bist, mag es direkt schwer sein, sich davon wieder zu lösen – und doch wirst du diesen wunderschönen Raum mit den vielen Wasserfällen nun gleich verlassen, um in den nächsten geleitet zu werden – wärst du sehr erstaunt, wenn auch in diesem Raum Reinigung geschähe? – Doch diesmal betrifft sie die seelische Ebene – auch wenn du noch keine Ahnung hast, was dich hier in diesem lichtdurchfluteten Raum erwartet, bist du aufgrund der im anderen Zimmer gemachten Erfahrungen vielleicht bereit, offen zu sein für das, was da kommen mag – offen für das Licht, das dich umschmeichelt – dich streichelt und wie ein Hauch dein Innerstes berührt – was passiert, wenn du bemerkst, dass dieses Licht womöglich deine ganze aufgestaute Traurigkeit herausholt? – Und in Tränen oder über andere Wege wegspült, was besser rausgelassen werden sollte – vielleicht befreit es, entlastet und entspannt dich – vielleicht bewirkt es, dass du lachen kannst, lachen, wie es dir schon lange nicht mehr gelungen ist – möglicherweise erlebst du auch ganz andere Emotionen – Wut, Ärger, Neid – oder Freude, Liebe und Sehnsucht – was auch immer geschieht durch dieses seltsame, helle, irisierende Licht, du bist bewusst dabei und magst vielleicht schon jetzt oder bald die Erleichterung spüren, die mit dem seelischen Reinigungsprozess einhergeht – ich könnte dir sagen, dass deine Helferinnen noch mehr mit dir vorhaben, aber das wirst du gleich selbst herausfinden – wenn sie dich weitergeleiten, in den nächsten Raum, der für deine geistige Reinigung vorgesehen ist – und während du vertrauensvoll diesen Raum betrittst, kannst du einen kühlen Windhauch bemerken, der sanft deine Haut umschmeichelt – es ist bemerkenswert, wie dieser zarte Hauch deine Stirn glättet und deinen Geist klärt – wie diese Brise dazu beiträgt, deinen Gedankenstrom zu verlangsamen – und wie deine Schöpferkraft dadurch Nahrung erhält – größer und machtvoller wird – auf rätselhafte Weise bewirkt er, dass deine Lebensenergie angehoben wird – und du dich dadurch womöglich kraftvoll und energetisiert fühlst – vielleicht auch kreativ – sodass es dir möglich wird, deinen Helferinnen für die gemachten Erfahrungen zu danken – in dem Wissen, dass du jederzeit hierher zurückkommen kannst, verabschiedest du dich von ihnen – um die geheimnisvolle Kapelle wieder zu verlassen – es gibt Menschen, die nach solchen Reinigungen in der Lage sind, ihre Zukunft kraftvoll und erfolgreich zu gestalten – und auch du kannst jetzt jederzeit deine neu erworbenen Fähigkeiten nutzen, um deine Pläne in die Tat umzusetzen – kannst deine Möglichkeiten und Begabungen mit Chancen verbinden, sodass deine Zielsetzungen Wurzeln schlagen können – und du wirst bemerken, wie deine Energie in deine Arbeit und dein Privatleben einfließen kann – und wie du Schritt für Schritt weiterkommst – so, wie du auch hier weiterkommst, indem du einfach dem Weg folgst, der dich schnurgerade zu einem alten Weisen zu führen vermag – einem Mann, der dir in seiner erfahrenen und abgeklärten Art erscheinen mag, als käme er von einem anderen Stern – kannst du dir vorstellen, im Beisein dieses alten Mannes jetzt deine Augen zu schließen und in Gedanken dein Wunschziel Wirklichkeit werden zu lassen? – Die Gewissheit, dein erträumtes Ziel wirklich zu erreichen, wird unterstützt durch die beruhigenden Worte des Alten, der dir auf wundersame Weise erklärt, wie du den neuen Gelegenheiten und Herausforderungen deines Alltags begegnen kannst – früher oder später kannst du außerdem körperlich spüren, dass dein Ziel ganz einfach zu erreichen ist – dieses Empfinden ist oft verbunden mit einer Farbe – die dich auf deinem Weg in die erträumte Zukunft begleiten kann – spüre dabei deine Hingabe an alles, was du dir ersehnst – konzentriere dich auf deine neuen Ideen – stelle dir einfach vor, wie dich das alles beflügelt – und wie du dich selbst für dein Engagement anerkennst – und manchmal ist es auch wichtig, daran zu denken, dass du all die guten Dinge des Lebens annehmen darfst – es dir erlauben darfst, erfolgreich zu sein – auf allen Ebenen – und früher oder später wirst du erkennen, dass du längst angekommen bist – denn jede Wahl, die du triffst, jeder Weg, den du einschlägst, bewirkt, dass Positives in deinem Leben geschieht – und es ist völlig in Ordnung, wenn du auf schwierige Situationen zurückblickst und darüber zu lachen vermagst – so, wie du auch jetzt lachen kannst, wenn du auf dem Weg zurück zum Floß bemerkst, dass die Helferinnen in der Kapelle dir ein Geschenk in die Tasche gesteckt haben – etwas, was dich daran erinnert, dass du innen und außen gereinigt bist – dass dein Körper, deine Seele und dein Geist frei sind von allem, was dich behindern könnte – vielleicht bewirkt dieses Geschenk auch, dass du all deine Erlebnisse mit zurücknehmen kannst ins Wachbewusstsein – und du musst auch nicht genau verstehen, wie all diese Dinge zusammenhängen – denn du kannst es deinem Unterbewusstsein überlassen, dein Verständnis für die Kraft der Imagination noch zu vertiefen –

mit diesem sicheren Wissen in dir gelangst du wieder zurück zu deinem sicheren Platz – wo langsam deine inneren Bilder verblassen – sie lösen sich einfach auf – und du richtest deine Aufmerksamkeit wieder auf diesen Raum – nimmst einen kräftigen Atemzug – atmest mit jedem Atemzug Frische ein – Frische, die sich in deinem ganzen Körper ausbreiten kann – beim Ausatmen bewegst du langsam deine Hände und Füße – und noch einmal atmest du kräftig ein und aus – und wirst dabei wacher und wacher – frisch, gelöst und glücklich dehnst und streckst du dich – und mit dem nächsten Atemzug kommst du ganz in diesen Raum zurück – und öffnest deine Augen –

....

Das Lied des Meeres

Ich trage Mitgefühl und Liebe in die Welt.

Ziel der Reise:	tiefe Entspannung, um mit der Liebe in Kontakt zu kommen
Dauer der Reise:	ca. 20 Minuten
Symbolik:	Strand = Grenze zwischen Bewusstsein und Unterbewusstsein Meer = Unterbewusstsein Möwe = Freiheit
Musikbegleitung:	*Musikalische Traumpfade* von Sylvia Bieber
Nachbearbeitung:	die Klientin einen Gegenstand suchen lassen, der die gefundene Liebe symbolisiert

Und wieder ist es soweit – du hast dich entschlossen, die Unterlage, auf der du liegst, zu nutzen, um zur Ruhe zu kommen – und zu entspannen – und noch während du dich ordnest – kannst du schon beginnen – deinen Körper etwas anders wahrzunehmen als bisher – kannst vielleicht bemerken, dass er sich erinnert, an das Gefühl von Entspannung – und deshalb kleine Bewegungen vollführt, die dir sagen – jetzt oder gleich ist es so weit – jetzt oder gleich kann ich **loslassen** – **tiefer sinken** – denn diese Bewegungen sind so fein und so subtil, dass dein Verstand sie immer weniger bemerken muss – und dein Unbewusstes immer mehr versteht, dass dieser Prozess des **Sich-fallen-Lassens** längst begonnen hat – sodass kleine Wellen von Entspannung, denen des Meeres gleich – durch deinen Körper und durch deinen Geist fließen – und deine Gedanken dadurch immer weniger werden – immer flüchtiger – immer fragiler – und du dich von ihnen verabschieden kannst – wenn sie, wie kleine weiße Wölkchen, hinwegziehen – wohin auch immer – und wann auch immer – und vielleicht magst du ihnen noch eine Weile zusehen – oder aber ihnen nachwinken, wenn sie immer blasser werden – und sich schließlich auflösen – sodass dein Geist hellwach sein kann, um nach innen zu gehen, in die Welt deiner Bilder und Gefühle –

und du eintauchen kannst in deine Fantasie – und dich hinwegtragen lassen kannst zu einem Platz, der dir Kraft und Sicherheit gibt – an einen Ort, an dem du dich geborgen fühlst – hier machst du dich bereit, auf eine Reise zu gehen, eine Reise der Entspannung und des Loslassens –

die dich, wie von Zauberhand, zu einer Strandlandschaft führt – über pudrig-feinen, weißen Sand zu schreiten, der sich magisch unter deinen Füßen ausbreitet – und am Horizont den strahlend blauen Himmel mit dem azurblauen Meer vereint zu sehen – bewirkt, dass du gelassen dahinschlendern kannst – die Füße umspült von kleinen Wellen – den Kopf umweht vom lauen Wind – der feine Wasserspritzer über deine nackten Arme bläst – und während die Wellen gemächlich ans Ufer rollen und Muscheln und bunte Steine am Strand hinterlassen – vermag das Kreischen vereinzelter Möwen deine Ruhe zu durchbrechen – sodass du tief die frische, klare Luft einatmen und dabei den salzigen Geschmack des Meeres auf deiner Zunge spüren kannst – wer weiß schon genau, wann du bemerkst, dass du mit jedem Atemzug ruhiger und gelassener wirst – mit jedem Schritt entspannter und gelöster – dass das Rauschen der Wellen, das Auf und Ab des Wassers bewirken kann, dass deine Gedanken einfach fließen – einfach kommen und gehen, wie die kleinen, weißen Wölkchen am Horizont – die Ruhe und Beschaulichkeit dieses Ortes laden dich ein, dich im weichen, warmen Sand niederzulassen – auf dem Rücken liegend, den Blick im unendlichen Blau des Himmels verloren – kannst du den Gesang der Wellen vernehmen, der dich langsam und stetig in seinen Bann zu ziehen vermag – es ist dir möglich, das Lied, das das Meer dir singt, zu verstehen – dein Herz singt dieselbe Melodie, die dich ganz nach innen führt – zu dir selbst – an den Platz in dir, wo die Liebe wohnt, die du spüren kannst – mit ganzer Intensität – wo sie strömt – und mehr wird – immer mehr – je mehr du sie fließen lässt – so wie die Wellen des Meeres sich bewegen – in einem ständigen Rhythmus – in einer ständigen Melodie – die du ganz genau verstehst und der du dich hingibst – losgelöst von allem – eins mit allem – und ganz bei dir – genieße diesen Zustand, dieses Losgelöst sein, bis meine Stimme dich wieder erreicht – – – und wenn es nun Zeit wird, von deinem Strandspaziergang Abschied zu nehmen – weißt du, dass du die Liebe mitnehmen kannst – mitnehmen an deinen sicheren Platz, den du einfach und leicht erreichst – dort kannst du die Liebe all denen geben, die dir wichtig sind – die sie annehmen werden in dem Bewusstsein, selbst Liebe verströmen zu können – und noch während du den Austausch dieses Gefühls mit allen Sinnen genießt – weißt du, dass dir das auch in deiner äußeren Realität gelingen kann – auch wenn dein Verstand den Vorgang nicht versteht, weiß dein Unterbewusstsein, wie es möglich sein wird – auf deine ganz eigene Art und Weise –

und in Vorfreude auf dieses Geschehen verblassen deine inneren Bilder – lösen sich einfach auf – während du die Unterlage, auf der du liegst, wieder mehr und mehr wahrnehmen kannst – und das bewirkt, dass du kräftig ein- und ausatmen willst – und mit diesem Luftholen ist der Impuls verbunden, dich zu bewegen – und indem du nun deine Arme und Beine bewegst, dich dehnst und streckst – kommst du mehr und mehr zurück in diesen Raum – zurück zu meiner Stimme, die du nun wieder lauter hörst – sodass es dir auch möglich ist, einfach deine Augen zu öffnen – um wieder voll hier zu sein –

....

Heilung des Inneren Kindes

Ich bin verbunden mit meiner empfindsamen und empfänglichen Wesensseite.

Ziel der Reise:	Kontaktaufnahme mit dem Inneren Kind, um eventuelle Verletzungen zu heilen
Besonderheit:	Lassen Sie die Klientin die Reise am besten im Sitzen erleben, damit gewährleistet ist, dass sie wach bleibt. Es werden viele Fragen gestellt, sodass mit den aus der Reise gewonnenen Informationen im anschließenden Nachgespräch (oder Coaching) weitergearbeitet werden kann. Diese Reise wird oft sehr emotional erlebt. Halten Sie Tempos bereit, und haben Sie genügend Zeit für Ihre Klientin.
Dauer der Reise:	ca. 30 Minuten
Symbolik:	Floß auf Fluss = getragen sein auf dem Fluss des Lebens
Musikbegleitung:	*Traumreise* von Martin Buntrock
Nachbearbeitung:	Gespräch über die Erlebnisse während der Reise falls das Innere Kind etwas Spezielles von der Klientin will, z. B. eine Geschichte vorgelesen bekommen, dieses als Hausaufgabe aufgegeben

Erlaube dir, dich ganz entspannt hinzulegen/-zusetzen – und fühle dabei deinen Körper – wie er die Unterlage berührt – beobachte deinen Atem – wie er kommt – und wie er geht – ganz von selbst, ohne dein Zutun – während du alle Gedanken, die in deinem Kopf herumschwirren, einfach **loslässt** – einfach **weiterziehen** lässt – indem du der Musik zuhörst – oder auch meiner Stimme – und mit jedem Atemzug ruhiger und **gelöster** wirst – und du bemerkst vielleicht, wie es dir mehr und mehr gelingt, noch mehr **loszulassen** – einfach **geschehen** zu lassen – zu entspannen – es genügt, einfach dazuliegen/-zusitzen – und zu fühlen – zu atmen – und dich dabei immer behaglicher zu fühlen – **tiefer** zu sinken – **ruhiger** und **weicher** zu werden – einfach auf deine eigene Art und Weise zu entspannen, bewirkt, dass du mit jedem Ausatmen mehr und mehr **loslassen** kannst – fühlen kannst, wie dein Körper **gelöster** wird – vielleicht auch ganz **schwer** – oder ganz **leicht** – und all das geschieht von selbst – du kannst einfach daliegen/-sitzen und es **genießen** – alle Geräusche, die von außen zu dir dringen mögen – kannst du einfach wahrnehmen – und sie vertiefen deine Entspannung – lassen dich noch **tiefer** sinken – und du kannst es einfach **geschehen** lassen – dich von meiner Stimme tragen lassen –

tragen an einen Ort, an dem du dich wohl und sicher fühlen kannst – einfach an einen Platz, der dir Schutz und Kraft bietet – schaue dich hier genau um – nimm wahr, was es wahrzunehmen gibt – und noch während du schaust, bemerkst du vielleicht auch Gerüche und Geräusche – die du nur hier wahrnehmen kannst – dein Unterbewusstsein stellt dir hier alles zur Verfügung, was du brauchst, um sicher auf den Schwingen der Fantasie zu reisen –

du beginnst deine Reise auf einem Floß – ruhig und gemächlich treibt es langsam den Fluss hinab – schaukelt sanft – und das Schaukeln bewirkt eventuell, dass du noch tiefer entspannen kannst – während die Sonnenstrahlen dich streicheln, erlebst du eine angenehm wohlige Ruhe, die sich mehr und mehr in dir auszubreiten vermag – und während du so den Fluss hinabtreibst und dabei die Sonnen genießt – kannst du neben dem Plätschern des Wassers vielleicht auch das Singen der Vögel hören – die munter durch die Lüfte fliegen – während du an den Ufern des Flusses vorbeigleitest, kannst du es dir gestatten, immer lockerer, immer entspannter zu werden – und dabei mehr und mehr zu dir selbst zu gelangen – etwas in dir weiß, dass dies der Fluss deines Lebens ist, den du Jahr um Jahr zurücktreibst – ein Jahr – zwei Jahre – drei Jahre – du wirst merken, dass irgendwann Ereignisse aus diesen Jahren auftauchen und wieder verschwinden – während dein Floß dich immer weiter zurückbringt auf dem Fluss deines Lebens – zurück in die Vergangenheit – Jahre zurück – und du spürst, dass du jünger wirst, während du durch die Jahre zurückgehst – immer weiter zurück – kannst du dich erinnern, wie dein Leben damals war? – Gehe weiter zurück, bis du ungefähr Anfang zwanzig bist – und noch weiter zurück in die Jahre, als du ein Teenager warst – und bemerke, wie du dich dabei veränderst – wie du dich in diesem Alter fühlst – treibe noch weiter zurück, bis du dich als kleines Kind siehst oder fühlst – erinnere dich an das Haus, in dem du damals gewohnt hast – an die Umgebung und an die Menschen, die damals da gewohnt haben – und erinnere dich daran, wie die Zimmer aussahen – wo dein Spielzeug lag – wo dein Platz war – erinnere dich daran, was für dich an diesem Ort bei dir zu Hause das Wichtigste war – was bei euch zu Hause erzählt wurde – was gesagt wurde – und was du hören konntest – was du immer wieder gehört hast – wie die Stimmen klangen und wie die Stimmung war – und was es für ein Gefühl war, zu Hause zu sein, deinen Platz zu haben – zu wissen, wo du hingehörst – was alles zu dir gehört – ein Teil von dir ist – was dir Sicherheit gibt – was dir einen Rahmen gibt – eine Möglichkeit, zu reifen – dich zu entfalten – erinnere dich an den ganz speziellen Geruch bei dir zu Hause – schaue dir an, wie du als Kind aussiehst – wie du dich bewegst – welche Mimik, welche Gestik zu dir gehört – zu dir als Kind – Welche Frisur hast du? – Welche Kleidung trägst du? – Was tust du gerade? – Fühle mal, wie deine Stimmung ist? – Welchen Gesichtsausdruck hast du? – Lächelst du? – Bist du neugierig oder vielleicht ärgerlich? – Vielleicht weinst du ja auch? – Es gibt Menschen, die haben jetzt ein ganz lebendiges Bild von sich selbst als Kind vor Augen – wie wäre es für dich, jetzt mit diesem Kind zu sprechen? – Es ist bemerkenswert, wie einfach es dir fällt, als erwachsene Person mit diesem kleinen Kind zu reden – ihm zu sagen, dass du seine Freundin sein willst – vielleicht möchtest du wissen, wie es dem Kind geht? – Frage es – – frage es auch, was es heute gerne tun möchte – indem du dein Herz öffnest, kannst du hören, was dein Inneres Kind dir sagt – – es ist völlig in Ordnung, wenn du die Hand des Kindes nimmst und mit ihm spielen gehst – nimm dir all die Zeit, die du brauchst, um herauszufinden, was das Kind gerne spielen möchte – wenn du das erst einmal herausgefunden hast, kannst du auch spüren oder erkennen, was es denkt und fühlt – und je mehr du es verstehst, desto wohler fühlt sich das Kleine in deiner Gegenwart und öffnet sich dir – und je mehr es sich öffnet, desto eher kannst du es fragen, was es von dir haben möchte – vielleicht möchte es in den Arm genommen und liebevoll gehalten werden – nimm dein Inneres Kind in deinen Arm, und gib ihm all die Liebe, die es braucht – all die Liebe, die du geben kannst – und noch ein bisschen mehr – vielleicht wünscht es sich aber auch ein Instrument, um darauf zu spielen – oder irgendein Spielzeug – möglicherweise möchte es gerne eine Geschichte von dir hören – oder zusammen mit dir etwas basteln – du wunderst dich vielleicht, wie einfach es ist, auf die Wünsche des Kindes einzugehen und es zu verwöhnen, wie nur du es kannst – letztendlich kannst du es gar nicht genug verwöhnen – all das, was du jetzt tust, ist ein lange fälliger Ausgleich dafür, dass du das Kind in dir lange Zeit etwas vernachlässigt hast – du kannst ihm jetzt helfen, alte Verletzungen zu heilen – wenn es traurig ist, kannst du es in die Arme nehmen und trösten – und während du das tust, weiß es, dass du es liebst – es kann sein, dass du schon seit einiger Zeit seine seelischen und körperlichen Schmerzen lindern willst – und auch wenn das Kind ärgerlich ist, kannst du ihm Gelegenheit geben, seinen Ärger kräftig auszudrücken – es kann schreien – strampeln – oder auch mit Gegenständen werfen – du bist erwachsen, du kannst all das aushalten – lasse das Kind wissen, dass du es auch dann liebst, wenn es wütend ist – das Innere Kind ist ein wichtiger Teil von dir – sage ihm, dass du immer für es da bist, ab jetzt – und sage ihm: Du bist ein Wunder für mich und ein Geschenk für diese Welt – auf der ganzen Welt gibt es niemanden, der so ist wie du – du bist einzigartig und ich bin glücklich, dass du hier bist – wenn du das Kind in dir beachtest, hast du die Chance, auch die Erwachsene in dir besser kennenzulernen – nimm wahr, wie der Kontakt, wie die Qualität eurer Beziehung ist – – spüre diese Verbindung – – lasse einfach deinen Gefühlen freien Lauf – und teile dir auf jede erdenkliche Art mit, dass du glücklich bist, dass es dich gibt – wenn du das Kind in dir liebst, tröstest und ihm seine Fehler verzeihst, dann tust du dasselbe auch für dich, die Erwachsene – wenn sich das Kind in dir wohlfühlen kann, dann ist auch die Erwachsene in dir heiter und optimistisch – spüre hin, wie sich das anfühlt, in so innigem Kontakt zu sein mit deinem Inneren Kind – und wie es sich anfühlt, wenn du ihm gegenüber deine Liebe offen zeigst – ihm all die Geborgenheit gibst, damit es dann in Freiheit spielen kann – ganz selbstverständlich sicherer und reifer werden kann – nimm diese Gefühle in dich auf, und lasse sie einen Platz in dir finden – einen Platz, von dem du weißt, dass dort diese Verbindung zu spüren ist – ganz selbstverständlich, wann immer du sie spüren willst – und wenn diese Gefühle ihren Platz gefunden haben, kannst du ihnen vielleicht auch noch eine Farbe geben – eine Farbe, die ebenfalls an diesen Platz fließen kann, um sich dort auszubreiten und dich auszufüllen – um in jede deiner Zellen zu strömen und dich zu nähren und zu heilen – wann immer du dir selbst eine Extraportion Wohlbefinden geben möchtest – nimm dir ein paar Minuten Zeit, um für dein Inneres Kind dazusein und mit ihm zu spielen – bevor du es nun wieder sich selbst überlassen kannst – es spielen lassen, die Welt entdecken und voller Lust all die Dinge machen lassen kannst, die es jetzt gerne tun möchte – in der Gewissheit, geborgen und sicher zu sein – während du als Erwachsene wieder das Kinderzimmer verlassen und mit all den neuen Eindrücken zurückkommen kannst auf das Floß – das dich an deinen sicheren Ort zurückträgt – an den Ort, von dem aus du deine Reise begonnen hast – noch erfüllt von all diesen Gefühlen – wohl wissend, dass sie bleiben und nicht vergehen werden – dass du sie dir immer wieder zurückholen kannst –

bist du bereit, langsam wieder in dein Bewusstsein zurückzukommen – nimmst deinen Atem wieder wahr – spürst wieder deinen Körper – die Unterlage, auf der er liegt/sitzt – atmest kräftig ein – und aus – um mit dem nächsten Atemzug mehr hierher zurückzukehren – nimmst dieses wundervolle Gefühl mit – wirst mit jedem Ein- und Ausatmen wacher – klarer – beginnst, deine Hände zu bewegen – die Füße, die Beine – reckst und streckst dich – und öffnest dann deine Augen –

………………………………………………………………………………

Rückblick ins Jahr 200?

Ich bin es wert, dass ich mir Zeit für mich und mein Leben nehme, um mich selbst zu finden.

Ziel der Reise:	Diese Reise ist z. B. für ein Silvesterritual geeignet oder sollte spätestens im Januar durchgeführt werden. Es geht darum, Rückblick auf das vergangene Jahr zu halten und Vorschau auf das neue.
Besonderheit:	Die Fragezeichen sind durch die Jahreszahl der jeweiligen Ereignisse zu ersetzen. Es werden viele Fragen gestellt. Lassen Sie Ihrer Klientin genügend Zeit, um die entsprechenden Erlebnisse und Erfahrungen auftauchen zu lassen.
Dauer der Reise:	ca. 30 Minuten
Symbolik:	Teppich = das Leben der Klientin Flecken = Blinde Flecken oder dunkle Seelenflecken
Musikbegleitung:	*Flugtraum* von Walter Berger
Nachbearbeitung:	aufschreiben lassen, was nicht mit ins neue Jahr soll, bzw. was verabschiedet werden möchte anschließend rituelles Verbrennen des Geschriebenen außerdem eine Zielcollage erstellen lassen

Und wieder ist es Zeit, zur Ruhe zu kommen – zu dir selbst zu finden – dich einfach vom Alltag zu **lösen** – dich mitnehmen zu lassen in das

Reich der Fantasie, auf eine andere Bewusstseinsebene – mache es dir dafür ganz bequem – rücke dich so zurecht, dass es angenehm ist, wie du hier liegst – finde die Position, die es dir ermöglicht, ganz bei dir zu sein – zu fühlen, wo dein Körper die Unterlage berührt und wo nicht – die Position, die es dir ermöglicht, deinen Atem wahrzunehmen – wie er kommt und geht – wie er deine Bauchdecke hebt und senkt – und indem du deinen Atemrhythmus wahrnimmst – kann dieses **Fließen** oder dieses In-Fluss-Kommen – dieses **Loslassen**, mehr werden – sodass du dich auf deine ganz eigene Art und Weise wahrnehmen kannst – und selbst die Geräusche, die du eventuell hörst, unterstützen dieses In-Fluss-Kommen – dieses **Tiefer**-Sinken – und während du einfach so daliegst, dich ausruhst – und deinen Gedanken nachhängst – kannst du entscheiden, ob du dich von der Musik in einen Zustand der Entspannung ziehen lassen willst – in dem alles ganz von allein **fließen** kann – oder ob du meiner Stimme folgen magst und den Bildern und Gefühlen, die sie bei dir weckt – jetzt oder gleich – und während du meine Stimme hörst – die **Ruhe** hier im Raum sich mehr und mehr ausbreitet – und du sicher auf deiner Unterlage liegst – kannst du vielleicht auch spüren, wie du schon ein wenig mehr **losgelassen** hast – wie deine Gedanken ganz sanft dahinziehen – und wie du **ruhiger** und **ruhiger** wirst – und indem du deinem Atemrhythmus folgst und wahrnimmst, wie dieser dich sanft schaukelt – wie der Wind die Blätter in den Bäumen – kannst du erleben, wie dieses **Fließen**, dieses **Loslassen** mehr wird – und du kannst nach Innen gehen – deine Mitte finden – ganz bei dir sein – jetzt – und wenn du spürst, wie dein Körper mehr und mehr **loslassen** kann – einfach **tiefer** sinken mag – kann dein Geist ganz hellwach sein –

um in die Welt deiner Bilder und Gefühle einzusteigen – und auf eine bestimmte Art und Weise bist du schon angekommen in deiner Innenwelt – wo es sicher ist und angenehm – wo du Freunde hast, die dich unterstützen und schützen – die dir helfen, wenn du sie darum bittest – und wenn du bereit bist, loszulassen – alte Spannungen einfach loszulassen –

möchte ich dich einladen zu einer Reise durch das letzte Jahr – ich werde dich dabei begleiten und deine Schritte gerne verfolgen – die dich an den Anfang des Jahres, in den Januar, führen – wie ein Teppich liegt dein Leben vor dir – vielleicht gibt es darauf schöne Muster – möglicherweise aber auch Flecke oder gar Risse – eventuell sind die Farben teilweise etwas verblasst und dafür an anderen Stellen leuchtend und bunt – bestimmt kannst du auch graue und schwarze Fäden erkennen – die genauso zu deinem Leben gehören wie die schillernden – und alle zusammen ergeben sie das Webmuster deines Lebens – du kannst Leidenschaften ebenso erkennen wie Trauer und Wut – erkennbar sind auch Beleidigungen, Verletzungen – Engagement und Enthusiasmus – schaue dich dort einfach um – erinnere dich an den Januar, und lasse alle Begebenheiten auftauchen, die dich in irgendeiner Weise berührt haben – vielleicht erinnerst du dich: Der Januar ist kalt, auch wenn es hier bei dir jetzt schön warm ist – und eingehüllt von dieser Wärme ist es dir leicht möglich, zu beobachten, was du alles erlebt hast – sodass du den Faden deines Lebensteppichs weiterverfolgen kannst, um im Februar anzukommen – erinnere dich, auch dieser war ......, und die Tage waren kurz – was hast du in diesen achtundwanzig Tagen alles erleben dürfen? – – Wie hast du diese Zeit verbracht? – – Deine Pläne aus 200? – hast du begonnen, sie zu verwirklichen – – sie umzusetzen und aus guten Absichten Taten werden lassen? – – Wolltest du vielleicht mehr Zeit mit der Familie verbringen? – – Dich weniger lang in der Firma aufhalten? – – Oder hattest du eher vor, Projekte ins Leben zu rufen – – und an deiner Karriere zu basteln? – – Schaue einfach hin, was aus deinen Absichten bisher geworden ist – es ist völlig in Ordnung, jetzt in den März zu schauen – deinen Teppich an dieser Stelle zu betrachten – um festzustellen, wie dieser Monat dein Leben beeinflusst hat – es ist wirklich bemerkenswert, wie einfach und leicht es dir fällt, dich zu erinnern – – und während du meinen Worten zuhörst, tauchen einfach Situationen auf, die du mit dem März in Verbindung bringst – – vielleicht wolltest du dich öfters mit Freunden treffen – oder hast beabsichtigt, finanziell neue Wege zu gehen – möglicherweise hattest du Partnerschaftsprobleme oder Schwierigkeiten mit den Kindern – beobachte, welche Stationen deines Lebens sich dir zeigen – – ich könnte dir sagen, wie ich den April verbracht habe – aber viel wichtiger ist es, zu wissen, was du damals erlebt hast – und wie wäre es für dich, wenn es dir leichtfiele, zu erfahren, was der April alles für dich bereitgehalten hat? – Schönes vielleicht – oder Spannendes – möglicherweise auch Verletzendes – nimm dir die Zeit, die du brauchst, um dich daran zu erinnern, wie der April für dich war – – glücklicherweise ist es nicht notwendig, zu wissen, wie das mit dem Erinnern funktioniert – auf seltsame Weise kommst du einfach im Mai an, der sich dir in seiner frühlingshaften Weise präsentiert – auch dieser Monat zeigt sich auf deinem Lebensteppich, sodass du die Stationen deines Seins erkennen kannst – konntest du aus deinen Fähigkeiten und Möglichkeiten schöpfen? – – Oder bist du an Grenzen gestoßen? – – Hast du dir Hilfe geholt? – – Oder warst du der Meinung, alles selbst zu schaffen? – – Letztendlich wirst du jetzt erkennen, dass auch der Mai dir Dinge beschert hat, die wichtig waren, sodass sie dir jetzt in den Sinn kommen – ich frage mich, ob du gefühlsmäßig schon im Juni angekommen bist – und dich dort umschaust, um zu erkennen, was damals bedeutsam für dich war – du brauchst lediglich deine Sinne zu öffnen, um zu bemerken, in welchen Situationen du gerne anders entschieden hättest, könntest du die Uhr noch mal zurückdrehen – vielleicht bist du aber auch stolz darauf, gerade so gehandelt zu haben, wie du es getan hast, weil es dich ein Stück weitergebracht hat in deiner Entwicklung – wie immer du den Juni auch wahrnimmst, er war wichtig für dich – sodass du weitergehen kannst in den Juli – ein Sommermonat, geprägt von ...... – wie hast du ihn erlebt? – – Gibt es Begebenheiten, die es wert wären, sie mit nach 200? zu nehmen? – – Oder gibt es eher Geschehnisse, die du lieber vergessen würdest? – – Du wirst merken, dass irgendwann die Zeit kommt, sich zu entscheiden – vielleicht hast du deine Wahl auch schon getroffen – auf einer gewissen Ebene weißt du vielleicht, welche Stationen im Juli die wichtigsten für dich waren – damit du leicht und frei im August nachschauen und nachfühlen kannst, was dieser dir gebracht hat – möglicherweise hast du einen wunderschönen Urlaub genossen – oder du hast zu Hause auf dem Balkon gesessen – sind vielleicht Freunde um dich herum? – – Oder Geschäftspartner – Kunden oder Klienten? – Wie sieht deine finanzielle Situation aus? – Bist du zufrieden? – – Gehst du deinen Hobbys nach, oder fühlst du dich eher gestresst und unter Druck? – Fühle nach, wie deine Befindlichkeit in diesem Hochsommermonat ist – damit du dann weiterwandern kannst in den September – der mit seinen ...... Temperaturen dich vielleicht erfreut, vielleicht aber auch genervt hat – fühlst du dich eher einsam oder zufrieden? – Schaue dich um – wer ist nun gerade bei dir? – Magst du die Gesellschaft dieses Menschen? – – Ist der Septemberfaden auf deinem Lebensteppich eher bunt oder grau? – – Wie nimmst du das Webmuster wahr? – Vielleicht hat dir der Oktober eher zugesagt – oder auch nicht? – Du kannst dir erlauben, diesen Monat so zu erleben, wie er wirklich gewesen ist – bunt in den herbstlichen Farben und prachtvoll in der Natur – und indem du dir erlaubst, ihn wieder zu erleben, tauchen einfach Bilder auf, die dich in Situationen zeigen, die bedeutsam für dich waren – Stationen deines beruflichen und privaten Lebens, in denen wichtige Dinge passiert sind – man muss nicht alles bis ins Detail verstehen, um trotzdem intensive Gefühle zu erleben – wie immer du den Oktober auch erleben magst, es will dir sagen, dass es wichtig ist – und du kannst entscheiden, was davon du mitnimmst in den November, der sich dir jederzeit leicht präsentiert – die Erinnerungen kommen früher oder später – und du wirst möglicherweise erfreut oder traurig darüber sein – je mehr du bereit bist hinzuschauen – desto leichter wird es dir fallen, das loszulassen, was nicht mehr zu dir gehört – man könnte auch einfach sagen »so ist es eben« – weil man sich dann leichter fallen lassen kann – fallen lassen in den Dezember, der …… zeigte – der …… Schnee und …… Wolken in der Luft – haben vielleicht dazu geführt, dass gerade diese Stimmung die richtige war, um das Webmuster deines Teppichs zu komplettieren – es gibt Menschen, denen es sehr leichtfällt, das Leben so anzunehmen, wie es sich gerade gestaltet – es gibt auch Menschen, die wissen, dass sie selbst der Schöpfer ihres Lebens sind – und manche Menschen sorgen deshalb dafür, dass das Webmuster ihres Teppichs sich so gestaltet, dass sie sich am Ende des

Jahres mit Wohlwollen anschauen können – vielleicht hast du bisher noch nicht daran gedacht, dass du das nächste Jahr bewusster gestalten kannst – sodass du Erfolge haben kannst, die dir jetzt noch nicht erreichbar erscheinen mögen – und du brauchst auch gar keine großen Anstrengungen zu machen, um mit einem wertvollen Teil in dir in Kontakt zu kommen – der dir völlig neue Perspektiven für das Jahr 200? zeigen wird – diese Perspektiven drücken sich ganz einfach in einem Symbol aus, das du jetzt mitnehmen kannst, wenn du zurückgehst zu deinem sicheren Platz –

zurück an den Ort, wo du deine Reise durch das Jahr 200? begonnen hast – hier kannst du dich verabschieden, kannst die inneren Bilder einfach verblassen lassen, sich auflösen lassen – und während du wieder etwas kräftiger ein- und ausatmest – wirst du mit jedem deiner Atemzüge wacher und frischer – spürst wieder die Unterlage, auf der du liegst – und bemerkst, wie du dich mit leichten Bewegungen wieder hierher in diesen Raum zurückbringen kannst – lasse diese Bewegungen stärker werden – während du dich auf der Unterlage rekelst und streckst – dich dehnst und reckst – deine Hände zu Fäusten ballst – und dann mit deiner ganzen Aufmerksamkeit wieder ins Hier und Jetzt zurückkommst –

....

Meine Raucherkarriere

Ich bin im Einklang mit mir selbst
und deshalb fähig, meine Ziele zu erreichen.

Ziel der Reise:	zurückkehren zu den Anfängen der Raucherkarriere, um festzustellen, welche Auslöser es damals gab Außerdem geht die Reise auch in die Zukunft, um den Erfolg des Nichtrauchens dort zu verankern.
Besonderheit:	Diese Reise sollte im Sitzen durchgeführt werden, damit gewährleistet ist, dass die Klientin wach bleibt. Es werden viele Fragen gestellt, sodass mit den aus der Reise gewonnenen Informationen im anschließenden Nachgespräch (oder Coaching) weitergearbeitet werden kann.
Dauer der Reise:	ca. 35 Minuten
Symbolik:	Heißluftballon = Überblick, Freiheit Farbe, die auftaucht = Ankertechnik
Musikbegleitung:	*Flugtraum* von Walter Berger
Nachbearbeitung:	Die Klientin soll sich ihre Erkenntnisse notieren. Danach führen Sie ein Gespräch über die weitere Vorgehensweise.

Du sitzt hier in dem Bewusstsein, dass dies eine Zeit nur für dich ist – eine Zeit, die dir gehört, um herauszufinden, wie deine Raucherkarriere begann – du darfst dir erlauben, deine Augen sanft zu schließen – und es dir ganz bequem machen – dich so zurechtrücken, dass es sich gut anfühlt – so, dass du weißt, es gibt nichts mehr zu tun – und dann, wenn du wirklich bequem sitzt – kannst du beginnen, deine Aufmerksamkeit auf den Raum um dich herum zu lenken – kannst die Temperatur wahrnehmen – den ganz besonderen Geruch, den du nur von hier kennst – kannst die Unterlage spüren, auf der du sitzt – und die Geräusche um dich herum hören – die leise Musik im Hintergrund – meine Stimme – und vielleicht von außen Türenschlagen oder Motorenlärm – das Klingeln des Telefons oder Glockenläuten – all diese Geräusche können dich **tiefer** und **tiefer** zu dir selbst führen – während du hier **ruhig** und **sicher** sitzt und Beobachter all dessen bist – kannst du mit deiner Aufmerksamkeit zurückkommen zu dir selbst – kannst wahrnehmen, wie sich deine Bauchdecke bei jedem Einatmen hebt – und bei jedem Ausatmen senkt – und wenn du nun deinen tiefsten Punkt erreicht hast – kannst du deine Reise antreten –

eine Reise, die dich zuerst zu deinem sicheren Platz führt – zu dem Ort, wo du dich geschützt und geborgen fühlen kannst – wo du auf jegliche Art und Weise Unterstützung erfahren kannst – wie immer diese auch aussehen mag –

von hier aus ist es ein Leichtes für dich, den Weg zu einer Wiese zu finden – auf einer Wiese zu sein, sie deutlich zu erfahren und wahrzunehmen, ist oft eine einfache Möglichkeit, den Alltag hinter sich zu lassen – sich völlig von ihm zu befreien – um losgelöst, entspannt und ruhig dahinzuschlendern – wer hat nicht schon mal beim Spaziergang über grüne Wiesen erlebt, wie Arme und Beine plötzlich gelöster und freier zu sein scheinen – und dabei seinen eigenen Rhythmus gefunden, der nicht mehr von anderen bestimmt ist, sondern sich frei dem natürlichen Rhythmus der Umgebung anpasst – und bewirkt, dass sich Ruhe und Gelassenheit ausbreiten – mehr werden – während Vogelgezwitscher die Ohren umschmeichelt, und ein sanfter, milder Luftzug das Gesicht streichelt? – Für manche ist diese Erfahrung begleitet vom typischen Geruch frisch gemähten Grases – anderen steigt der Duft der Blumen oder der feuchten Erde in die Nase – und was immer auch deine Nase schnuppert, es lädt dich dazu ein, beim Einatmen Lebendigkeit und Frische zu empfinden – und zugleich mehr und mehr bei dir zu sein – um zu erfahren, wie sich das sanfte Streicheln der Gräser an den Beinen anfühlt – und das Hineinspüren in dieses Gefühl kann bewirken, dass du dir Zeit nimmst, um einmal nach oben zu schauen in das Blau des Himmels – das nur ab und an von kleinen, weißen Wölkchen durchzogen wird – und wenn dann der Wind diese Wölkchen schneller dahingleiten lässt – kannst du entdecken, dass er dir einen Ballon heranbläst – einen Heißluftballon, der näher und näher kommt – größer und größer wird – und je näher er kommt, desto tiefer sinkt er – immer näher und tiefer, bis er vor dir mitten auf der Wiese landet – ein wunderschöner, riesengroßer, bunter Heißluftballon mit einem Korb für die Ballonfahrer – und ist es nicht so, dass der Gedanke, über die Weiten des Landes zu fliegen – den Wind in den Haaren zu spüren – und die Freiheit der Lüfte zu genießen – ein Gefühl von Sehnsucht, von Vorfreude wachrufen kann? – Und auch, wenn du zuerst vielleicht ein bisschen zögerst, kletterst du dann doch in den Korb, um abzuheben – um loszufliegen – und das Gefühl von Freiheit und Grenzenlosigkeit zu empfinden – während heiße Luft aus der Gasflasche in die Ballonhülle strömt – und den Ballon dadurch höher und höher steigen lässt – ist es dir möglich, das sanfte Schaukeln des Korbes zu spüren – das sich auf deinen Körper übertragen kann – und mit dem untrüglichen Wissen, dass du jederzeit wieder festen Boden unter die Füße bekommen kannst, genießt du die Leichtigkeit des Schwebens – und die vielfältigen Eindrücke, die sich dir bieten – genießt die wechselnden Landschaften – die Seen – Flüsse und Städte – zeit- und schwerelos kannst du diesen Flug erleben – bevor du müde von den vielen Eindrücken auf dem Boden des Korbes einschläfst – um aufzuwachen in einer Zeit, als du begonnen hast, Gefühle und Verhalten mit dem Rauchen von Zigaretten zu beeinflussen – schaue dich um – mit wem bist du zusammen? – – Wie alt bist du? – – Wie siehst du aus? – – Welche Gedanken hast du bezüglich des Rauchens? – – Wann rauchst du die erste Zigarette? – – Wer ist bei dir? – – Wie schmeckt diese erste Zigarette? – – Aus welchem Grund rauchst du sie? – – Willst du dazugehören? – – Bist du nervös, ängstlich vielleicht? – – Oder ist es einfach Neugierde? – – Was lockt dich? – – Das Verbotene? – – Das Coole? – – Wie geht es weiter? – – Wie fühlst du dich? – – Was möchtest du eigentlich? – – Und es ist dir nun möglich, ein Stückchen in der Zeit nach vorne zu gehen – du wirst älter – du gehörst nun zu den Rauchern – wann willst du das erste Mal aufhören? – – Was sind deine Gründe dafür? – – Wie fühlst du dich? – – Wie möchtest du dich eigentlich fühlen? – – Schaffst du es aufzuhören? – – Wann fängst du wieder an zu rauchen? – – Wie geht es dir damit? – – Wie oft probierst du es – – denkst darüber nach, wie es wäre aufzuhören? – – Kommen dir vielleicht Gedanken in den Sinn wie: Rauchen schadet meiner Gesundheit – belastet meine Leistungsfähigkeit – grenzt mich aus oder kostet immens viel Geld? – – Oder Gedanken wie: Ich rieche wie ein Aschenbecher – habe keine Kondition und bin den Kindern ein schlechtes Vorbild? – – Vielleicht hast du aber auch Gedanken wie: Ich will aufhören – ich schaffe es und ich finde Hilfe und Unterstützung! – Diese Gedanken können dir einen Blick in die Zukunft eröffnen – Sekunden, Minuten und Stunden ziehen vorbei – morgen naht – ist da – und wird wieder zum Gestern – die Tage vergehen – die Woche geht zu Ende – und der nächste Monat ist viel eher da, als du eben noch geglaubt hättest – eine Zukunft, in der du zu den Ex-Rauchern gehörst – in der du frei und tief durchatmen kannst – und dieses freie und tiefe Atmen lässt dich wahrnehmen, was deine Hauptmotivation ist, wirklich aufzuhören – – kannst du diese Motivation im Körper spüren? – Wo genau kannst du sie spüren? – – Wenn du magst, kannst du diesen Punkt berühren – während zu deiner Motivation nun einfach eine Farbe auftaucht – eine Farbe, die intensiver und kräftiger wird – und wenn das geschieht, kannst du spüren, wie sich Freude und Sicherheit ebenso ausbreiten, mehr werden – intensiver wahrzunehmen sind – und dieses körperliche Empfinden kann wie eine Garantie sein, die dir sagt: Du hast es geschafft – du bist bereit dazu – so bereit, wie du nun auch bist, um in deinem Heißluftballon wieder aufzuwachen – ausgeruht, erfrischt und voller Zuversicht, frei und gesund atmen zu können – mit diesem sicheren Wissen in dir kannst du bemerken, dass der Heißluftballon zur Landung ansetzt, langsam sinkt – und mit einem kleinen Ruck aufsetzt –

dieser Ruck bewirkt, dass deine inneren Bilder verblassen – sich langsam auflösen – und du mit einem kräftigen Atemzug wieder ins Hier und Jetzt zurückkommst – dich bewegst – dich dehnst und streckst – und deine Atmung dir zu Wachheit und Frische verhilft – und wenn du bereit bist, öffne nun deine Augen und notiere dir deine Erkenntnisse –

....

Handschmeichler-Reise

Ich bin willkommen, genieße den Moment und feiere das Leben.

Ziel der Reise:	Entspannung, um dann in Kontakt zu kommen mit dem Gefühl, das üblicherweise während des Rauchens entsteht
Besonderheit:	Diese Reise wird auch im Sitzen durchgeführt. Während der kurzen Fantasiereise hat die Klientin die Knetmasse, mit der sie anschließend arbeitet, schon in der Hand.
Dauer der Reise:	ca. 15 Minuten
Musikbegleitung:	*Träume* von Arnd Stein
Nachbearbeitung:	Die Klientin erlaubt sich, mit der Knetmasse das Gefühl, das sie während der Reise hat, auszudrücken. Sie darf experimentieren. Es geht nicht um eine künstlerische Arbeit, sondern das Kneten soll Ausdruck des Gefühls werden, das bisher durch das Rauchen befriedigt wurde. Die Klientin soll sich während des Modellierens beobachten, sodass sie eins werden kann mit der Knetmasse.

Und wieder kannst du es dir ganz bequem machen – dich auf deinem Stuhl zurechtrücken – um diesen Zustand der Entspannung, den du schon so gut kennst, zu erwarten – und noch während du wartest, kannst du alle Geräusche, die du von außen wahrnimmst, dazu benutzen, dich diesem Zustand näherzubringen – indem du meiner Stimme zuhörst – die gleich von zehn nach eins zählen wird, kannst du dir erlauben, loszulassen – und während du loslässt – von zehn nach neun tiefer sinkst – kannst du spüren, wie Ruhe und Ausgeglichenheit dich nach acht bringen – um dieses wohlige und entspannte Gefühl nach sieben zu tragen – nach sechs, zu mehr Harmonie und Stille – fünf, einfach tiefer sinken – nach vier, weicher werden – weicher und weiter vielleicht, nach drei – einfach geschehen lassen nach zwei – gelöst und frei nach eins – und wenn du nun deinen tiefsten Punkt für heute erreicht hast –

kannst du dir noch einmal vorstellen, eine Zigarette in deinen Fingern zu halten – einfach eine Zigarette – und während du dir das vorstellst, kannst du spüren, wie sie sich anfühlt – ist sie weich? – Oder rau? – Du kannst ihre Länge sehen – den Filter – und auch dein Gefühl wahrnehmen, während du die Zigarette hältst – wie fühlst du dich? – Bist du stark? – Oder ist es eher ein Gefühl von sich festhalten? – Oder von sich frei fühlen? – Fühlst du dich entspannt und gelöst? – Oder verkrampft – und belastet? – Ist es vielleicht ein erotisches Gefühl an den Fingern und Lippen? – Eine Befriedigung und ein Genuss? – Was genau erlebst du? – Nimm dieses Gefühl ganz genau wahr – spüre dich – erfahre dich – lasse dich immer mehr ein – und übertrage nun dieses Gefühl auf die Knetmasse, die du in deinen Händen spüren kannst – lasse dich überraschen – sei experimentierfreudig und neugierig, was gleich aus dieser Knetmasse entstehen will –

und wenn es jetzt wieder Zeit wird, zurückzukommen – kannst du einen kräftigen Atemzug nehmen – der dir Wachheit und Frische in deinen Körper zurückbringt – und während ich nun von eins nach fünf zähle, ist es dir möglich, wieder ganz ins Hier und Jetzt zurückzukommen – eins, bewege deine Hände und Füße nach zwei – dehne und strecke dich dabei nach drei – rekle dich auf deiner Unterlage nach vier – kräftig ein- und ausatmen nach fünf – um dann, wenn du bereit bist, die Augen zu öffnen – um wieder hier zu sein, in diesem Raum –

....

Wüstenreise – Befreiung aus den Suchtstrukturen

Ich bin fest im Leben verwurzelt,
bin standhaft und voller Vertrauen.

Ziel der Reise:	Diese Reise unterstützt sehr stark das Thema »mit dem Rauchen aufhören«. Es geht darum, die emotionalen Bindungen, die die Klientin an das Rauchen hat, aufzulösen. Die Verbindungen, die einen Rauchzwang verursachen, werden in der Innenwelt gekappt.
Besonderheit:	Wenn die Klientin leicht einschläft, sollte diese Reise im Sitzen durchgeführt werden.
Dauer der Reise:	ca. 35 Minuten
Symbolik:	Wüste = emotionale Dürre Oase = Erlösung durch Kräfte des Unterbewusstseins Baum = Standfestigkeit und Halt heilsames Wasser = emotionales Entgiften
Musikbegleitung:	*Chakra Journey* von Various
Nachbearbeitung:	Direkt nach der Reise kann die Klientin ein Bild von der Situation, in der sie sich befreit hat, malen. Danach besprechen Sie die Erlebnisse während der Reise und auch das gemalte Bild.

Mache es dir jetzt so bequem, dass es sich für dich stimmig anfühlt – so, dass du weißt, dass du dich wohlfühlen kannst – um alles, was du wahrnimmst, dazu zu nutzen, in dein Innerstes zu gelangen – vielleicht magst du ganz sanft deine Augen schließen – und dich in deinen Körper einfühlen – alle Geräusche, die von außen zu hören sind – all das, was du hinter deinen geschlossenen Lidern siehst – der Geruch, den du wahrnimmst – all das kann dich ganz nach innen führen – wo du Kontakt aufnehmen kannst mit deinem Unterbewusstsein – und lasse dich überraschen, wie **einfach** und **leicht** das geschehen kann – auf deine ganz eigene Art und Weise – und wenn du dann spürst, wie du jetzt dasitzt – und hörst, wie meine Stimme und die leise Musik, die im Hintergrund spielt, dich begleiten – kann das bewirken, dass du mehr und mehr **loslassen** magst – **tiefer** zu dir finden kannst – und indem du es schaffst, deine Aufmerksamkeit auf deinen Atem zu lenken – kann dieses **Loslassen** mehr werden – können sich **Ruhe** und **Gelassenheit** ausbreiten – sich **Schwere** oder **Leichtigkeit** einstellen – kannst du mit jedem Atemzug einfach **tiefer** sinken, einfach **geschehen lassen** – und während das alles fast von alleine geschieht – und du immer **tiefer** sinkst –

tauchen vor deinem inneren Auge Bilder auf – und du bist wieder an deinem sicheren Ort – dem Platz, an dem du dich behütet, geborgen und beschützt fühlen kannst – und mit dem Wissen um diesen Schutz startest du deine Reise –

begibst dich einfach auf einen Wanderweg – der sich durch Wälder, Felder und Wiesen schlängelt – und diesen Weg zu gehen, verhilft dir zu mehr

Ruhe – zu größerem Abstand vom Alltag – und immer tiefer werdender Entspannung – Vogelgezwitscher begleitet dich und hin und wieder sind vielleicht auch Geräusche zu hören, die du nicht einsortieren kannst – die aber bewirken, dass du mehr und mehr loslassen kannst – dich mehr und mehr dem hingibst, was da kommen mag – und mit jedem Schritt, den du gehst, bemerkst du, dass sich die Landschaft um dich herum verändert – die Vegetation immer weniger wird – und die Luft immer wärmer – je weiter du läufst, desto sicherer weißt du, dass du dort ankommen wirst, wo es richtig für dich ist – indem du einfach geschehen lässt – und dem Weg folgst, der durch seinen Verlauf die Richtung vorgibt – zu merken, dass kaum noch Pflanzen am Wegrand stehen – dass sich immer mehr Sand zwischen ganz vereinzelt auftauchenden Büschen befindet – lässt dich ahnen, dass dein Weg geradewegs in eine Wüste führt – das gleichmäßige Knirschen des Sandes unter deinen Füssen und die Wärme auf deiner Haut lassen dich schläfrig werden – sodass du nach einem schattigen Ruheplatz Ausschau hältst – weit vorne, am flirrenden Horizont, dort, wo das Gelb der Sanddünen mit dem Blau des Himmels eine Einheit bildet, taucht etwas auf, was vielleicht für eine Rast geeignet sein mag – in der Wüste zu wandern, ist für viele Menschen mit innerer Einkehr verbunden – die unendliche Weite zu erleben – die absolute Stille wahrzunehmen – und zu sehen, wie das Licht sich ständig verändert – führt oft zu den eigenen Quellen – zu den eigenen Räumen und Tönen und Bildern – die dann plötzlich bemerkt, gehört und gesehen werden können – und dieses Wahrnehmen kann mehr werden – sich ausdehnen – mit jedem Schritt, den du gehst – mit jedem Geräusch, das du vernimmst – während du weiter durch die Dünen wanderst, um den Ruheplatz zu erreichen – der sich dir nun als Oase präsentiert – allerdings mit welken, durstigen Pflanzen, deren staubige Blätter müde am Stängel hängen – während langsam die Sonne untergeht – und die Nacht sich über das Land senkt – funkeln die Sterne am Firmament – und ein großer, gelber Mond geht auf – während du dich im sanften Licht der Himmelskörper umschaust – ist es dir möglich, einen Platz unter einem großen Baum zu finden, der dich einzuladen scheint, dich unter ihm niederzulassen – um dann den beruhigenden Stamm des Baumes beim Anlehnen zu spüren – der dir Halt gibt nach dem Gehen – und kann dieses Gefühl von Gehaltenwerden es dir nicht ermöglichen, dich beim Zurücklehnen völlig zu lösen? – Um dabei zu spüren, wie du trotz der Gelöstheit geradezu den Rücken gestärkt bekommst? – Die starken Äste können dann wie die Arme eines Freundes sein, die schützend über dich gehalten werden – während du nun entdeckst, dass du in einem Kreis sitzt – der sich vor dir weiterentwickelt – sich zu einer liegenden Acht ausbildet – in dessen einer Hälfte du und in der anderen Hälfte dein jüngeres Ebenbild sitzt – dich freundlich anschaut, und dir plötzlich klar wird, dass du sie bist – jung noch und voller Vitalität – voller Neugier und Erwartungen auf das Leben – das sich dir nun schon so viele Jahre in den vielfältigsten Facetten dargeboten hat – dich anschaut und dich spüren lässt, dass es richtig ist, hier zu sein – hier zu sein unter dem Schutz dieses besonderen Ortes – um Verbindungen zu lösen, die dich ans Rauchen ketten – dich krank machen – und Gefühle wie Schuld, Unzufriedenheit und Überdruss entstehen lassen – um Fesseln zu lösen, die Abhängigkeit, Sucht und Unfreiheit bedeuten – und ich weiß nicht, woran du erkennen wirst, was dich hauptsächlich beeinflusst – aber einmal darauf zu achten bedeutet, diese Gefühle von »ich bin unsicher«, »ich will dazugehören« oder »ich bin neugierig« als körperliche Empfindungen zu spüren – es scheint fast, als ob immer noch Worte von damals in dir klingen – du kannst hören, wie sie dich beeinflussen, immer noch – »mach mit« – »sei kein Frosch« – »nur eine« – »Feigling« – und kannst sehen, wie diese oder ähnliche Sätze an dir kleben – auch die Mimik der Leute von damals kannst du erkennen – diese leicht hochgezogenen Augenbrauen vielleicht – oder diese spöttisch nach unten gezogenen Mundwinkel – das Abwenden und Weggehen, wenn du nicht mitgemacht hast – das »dich allein lassen« oder »dir zu nahe kommen« – schaue dir dein jüngeres Gegenüber genau an – wie bist du mit ihr verbunden? – – Welche Seile, Ketten, Fesseln oder Stricke binden dich? – – Wo genau kannst du sie entdecken? – – Und wie kannst du sie bemerken? – – Fühle – spüre – nimm ganz genau wahr – sind es dicke oder dünne Bänder? – – Unsichtbare vielleicht – oder gar Verbindungen aus Energie bzw. Licht? – Spüre, wie sie möglicherweise an dir zerren – dich drücken – dich einengen und belasten – wie bist du verstrickt? – – Wo kannst du diese Verstrickungen bei dir wahrnehmen und wo bei deiner »jüngeren Version«? – Schaut euch in die Augen – wie ist ihr Ausdruck – was kannst du wahrnehmen? – Vielleicht als Gedanken – vielleicht auch ausgesprochene Worte – wie fühlst du dich dabei? – Wie geht es dir damit? – Erkenne, welche Bänder du durchtrennen möchtest – fühle, wie sie dich daran hindern, frei zu sein – höre, wie sie dich in alten Abhängigkeiten halten – bist du bereit, diese Verbindungen zu lösen? – Seile zu zerschneiden? – Ketten zu sprengen? – Fesseln zu entknoten? – Bist du bereit, Energie- oder Lichtbande zu neutralisieren? – Entscheide, was du tun möchtest – du hast die Wahl – du kannst festgehalten und gekettet bleiben oder aber dich befreien – nimm dir Zeit – spüre – nimm wahr – was willst du wirklich? – Nimm dir all die Zeit, die du brauchst, um dir darüber klarzuwerden – – – wenn du dich für die Befreiung entscheidest, dann löse dich jetzt – – kappe die Verbindungen – vielleicht brauchst du eine Schere, eine Säge oder eine Axt – vielleicht ein Messer oder Feuer – vielleicht brauchst du auch Unterstützung – schaue hin – erkenne – nimm wahr, was nötig ist – du kannst auch um Hilfe bitten – – – spüre, wie es sich für dich anfühlt, wenn du dich befreist – was kannst du dabei sehen? – Was kannst du hören? – Viele Menschen empfinden nach der Befreiung Befriedigung, manche Bedauern oder vorübergehend eine Leere – viele sind glücklich, zufrieden und voller Leichtigkeit – andere wissen zunächst nicht, wie sie dieses neue Gefühl bezeichnen sollen – die meisten sind erleichtert, fühlen sich gesund, befreit und voller Elan – wie fühlst du dich? – Spüre dich auf allen Ebenen – und während du all diese Empfindungen und Eindrücke für dich sortierst – kannst du erkennen, dass von nun an eine andere Form, in Kontakt zu kommen, möglich sein wird – dass du keinem Zwang, keiner Sucht mehr unterliegst, sondern sich dir Chancen bieten – Möglichkeiten und Alternativen – und für diese Erkenntnis bedankst du dich bei deinem Gegenüber – bedankst dich für diese Lernaufgabe, die du erfolgreich bewältigen durftest – und bedankst dich auch bei deinen Helfern, die dir eventuell zur Seite gestanden haben – während dein Gegenüber langsam verblasst und in den Hintergrund tritt – sich auflöst und verschwindet – indem du aus der liegenden Acht trittst – und dabei bemerkst, dass es Tag geworden ist – dass sich die welke, durstige Oase in einen Garten Eden verwandelt hat – in ein Paradies, das mit seinem gesunden Grün, seinen reichhaltigen Wassern die

Umgebung belebt, den Landstrich gesunden lässt – und auch dich, indem du einen Schluck dieses heilsamen Wassers zu dir nimmst – das bewirkt, dass alle Reste von Giften, von Schlacken und Absonderungen ausgespült werden – dass sich deine Zellen erneuern, Vitalität und Energie tanken – und mit einem letzten Blick auf diese heilende und wunderschöne Wüsteninsel – verabschiedest du dich von deinen inneren Bildern – bedankst dich für die Erfahrungen, die du auf deiner Reise machen durftest –

bevor du wieder zurückkommst an deinen sicheren Platz – an deinen Ort der Sicherheit – um von dort zurück ins Hier und Jetzt zu gelangen – während deine Gedanken vielleicht noch bei deinen eben gemachten Erfahrungen verweilen mögen – du die Bilder noch vor deinem geistigen Auge siehst – dich selbst noch dort spürst – oder erlebst – kannst du zurückkommen, zurück in diesen Raum – wo du noch einmal gucken kannst, was für dich auf dieser Reise wichtig war – das Körpergefühl vielleicht – oder dein jüngeres Ebenbild – vielleicht auch das Kappen der Verbindungen – um dann zu spüren, wie du hier auf der Unterlage liegst/ sitzt – einen kräftigen Atemzug nimmst – der bewirkt, dass deine Gedanken noch einmal abschweifen in deine innere Welt – und gleichzeitig erlebst, dass dein Atem deinen Brustkorb hebt und senkt – und du spüren kannst, wie sich deine Arme und Beine bewegen wollen – sich dehnen und strecken mögen – und sich deine inneren Bilder ganz auflösen – sodass du deinen Körper wach und frisch fühlen – und deinen Atem bewusst steuern kannst – den Geruch dieses Raumes wahrzunehmen vermagst – und meine Stimme vollkommen klar hörst – sodass du einfach deine Augen öffnen kannst und wieder ganz im Hier und Jetzt bist –

Schlank mit allen Sinnen

Nicht Schlanksein macht glücklich,
sondern Glücklichsein macht schlank.

Ziel der Reise:	den Körper mit allen Sinnen schlank wahrnehmen, den Stolz und die Freude darüber, schlank geworden zu sein, in allen Zellen verankern
Dauer der Reise:	ca. 25 Minuten
Symbolik:	Strand = Grenze zwischen Bewusstsein und Unterbewusstsein Meer = Unterbewusstsein Fluss = Fluss des Lebens
Musikbegleitung:	*Meer* von Martin Buntrock
Nachbearbeitung:	eine Zielcollage erstellen lassen Bilder, Worte und Sätze, die die gewünschte Zukunft mit einem schlanken Körper dokumentieren, aufkleben lassen

Und wieder ist es Zeit, zur Ruhe zu kommen – zu dir selbst zu finden – dich einfach vom Alltag zu lösen – dich mitnehmen zu lassen ins Reich der Fantasie – auf eine andere Bewusstseinsebene – dafür darfst du es dir ganz bequem machen – dich so zurechtrücken, dass es angenehm ist, wie du hier liegst – und die Position finden, die es dir ermöglicht, ganz bei dir zu sein – um zu fühlen, wo dein Körper die Unterlage berührt – und wo nicht – die Position, die es dir ermöglicht, deinen Atem wahrzunehmen

– wie er kommt und geht – wie er deine Bauchdecke **hebt** und **senkt** – und indem du deinen Atemrhythmus wahrnimmst – und spüren kannst, wie dein Atem dich schaukelt – kann dieses **Fließen** oder dieses In-Fluss-Kommen – dieses **Loslassen,** mehr werden – und du kannst nach innen gehen und dich auf deine ganz eigene Art und Weise wahrnehmen – und selbst die Geräusche, die du eventuell hören wirst, unterstützen dieses In-Fluss-Kommen, dieses **Tiefer**-Sinken – noch während du einfach so daliegst und dich ausruhst – und deinen Gedanken nachhängst – kannst du dich entscheiden, ob du dich von der Musik in einen Zustand der Entspannung ziehen lassen willst – wo alles ganz von allein gehen und **fließen** kann – oder ob du meiner Stimme folgen magst und den Bildern, die sie bei dir weckt – jetzt oder gleich – und während du meine Stimme hörst – und die **Ruhe** hier im Raum sich mehr und mehr ausbreitet – und du sicher auf deiner Unterlage liegst – kannst du vielleicht spüren, wie du schon ein wenig mehr **losgelassen** hast – wie deine Gedanken ganz sanft dahinziehen – und wie du **ruhiger** und **ruhiger** wirst – und indem du deinem Atemrhythmus folgst und wahrnimmst, wie dieser dich **sanft** schaukelt – kannst du erleben, wie dieses **Fließen**, dieses **Loslassen**, mehr wird – und du kannst nach innen gehen – deine Mitte finden – ganz bei dir sein – jetzt –

um auf eine Reise zu gehen, die dich zuerst zu deinem sicheren Platz führt – dem Ort, der dir vertraut ist – und wo du Schutz und Sicherheit finden kannst – schaue dich hier genau um – nimm wahr, was es alles zu entdecken gibt – und nimm die Gefühle, die du hier empfinden kannst, mit auf deine weitere Reise –

eine Reise, die dich an einen wunderschönen Sandstrand zu führen vermag – auf deine ganz eigene Art und Weise kommst du einfach in einer Landschaft an, die mit ihrer verzauberten Atmosphäre dein Herz zu berühren vermag – ein wunderschöner, kilometerlanger, weißer Sandstrand breitet sich vor dir aus – und das strahlend blaue Meer hebt sich sanft vom Blau des Himmels am Horizont ab – das Rauschen der Wellen zu hören, ein ständiges An- und Abschwellen – bewirkt, dass du tief den salzigen Geruch des Meeres einatmen magst – während deine nackten Füße in die Wärme des Sandes eintauchen – und der Wind sanft über deine bloße Haut streicht – sodass du dich entspannt, beschwingt und frei zu fühlen vermagst – diese Gefühle können mehr werden, wenn du langsam den Sandstrand entlangschlenderst – und dabei die Wärme der Sonne auf deiner Haut spürst – und das Knirschen des Sandes unter deinen Füßen hören kannst – wärst du sehr erstaunt, wenn jeder Schritt, den du gehst, dir verdeutlicht, dass sich dein Körper anders bewegt als sonst? – Leichter – beweglicher – beschwingter – wohliger – und noch während du das bemerkst, kannst du vor dir im Sand eine Muschel in der Sonne aufblitzen sehen – du beugst dich runter, um sie aufzuheben und kannst dabei spüren, dass sich etwas verändert haben muss – denn bequem und kinderleicht hebst du diese Muschel auf – leicht und beweglich beugt sich dein Körper nach unten – während du deine weiteren Bewegungen aufmerksam beobachtest, fragst du dich vielleicht, woran es liegen mag, dass sich dein ganzer Körper so anders anfühlt? – Und du kannst dich überraschen lassen, was der Grund dafür sein mag – während du weiter den Strand entlangspazierst – weiter und weiter am Ufer entlang – die Füße vom Wasser umspült – den Körper eingehüllt in streichelnde Winde – leicht und beschwingt ist dein Schritt, der dich an die Mündung eines kleines Flusses, der hier ins Meer fließt, trägt – im Flussbett glitzern bunte Steine, die deine Aufmerksamkeit auf sich zu ziehen vermögen – sodass du dich voller Bewunderung für diese Pracht über das Wasser beugst, um die Steine besser betrachten zu können – dabei spiegelt sich dein Gesicht auf der Wasseroberfläche – und du kannst voller Verwunderung dein Antlitz erblicken – kannst deine Augen sehen – deine Stirn – die Nase – die Wangen – das Kinn – ja, du bist es wirklich – doch welch eine Überraschung: Dein Gesicht ist verändert – viel schmaler, als du es in Erinnerung hattest – das bewirkt, dass du nun mehr von dir sehen möchtest – und deshalb stellst du dich so, dass sich dein ganzer Körper im Wasser spiegelt und du erkennen kannst, dass auch dein Körper schlank ist – die Beine – die Hüften – die Taille – die Brust – rank und schlank spiegelt sich deine Statur auf der Wasseroberfläche – es mag sein, dass du noch etwas ungläubig an dir herunterschaust – mit deinen Händen über deinen Körper streichst – um freudig zu erkennen, dass du wirklich schlank bist – du hast es tatsächlich geschafft, dein Wohlfühlgewicht zu erreichen – glücklich und voller Stolz lässt du daraufhin deine Hände weiterhin deinen Körper entdecken – du kannst die Zartheit deiner Haut fühlen – die sanften Rundungen deiner Hüften – die schön geschwungene Taille – jede Zelle deines Körpers weiß um dein neues Aussehen – und so nimmst du befreit und zufrieden einen tiefen Atemzug – denn es hat sich gelohnt, den neuen Weg zu gehen – du hast dein Wunschgewicht erreicht – mit jeder Bewegung kannst du es spüren – dein Körper ist schlank – und im Wasser hast du es gesehen – ja, du bist wirklich schlank – glücklich, leicht und locker über den kleinen Fluss springend, der dir mit seiner spiegelnden Oberfläche dieses wunderschöne Geschenk gemacht hat – wanderst du dankbar weiter den Strand entlang – weiterhin deine veränderten Körperbewegungen beobachtend und genießend – während die Freude in deinem Herzen größer und größer wird – und mit dieser Freude im Herzen lösen sich langsam die inneren Bilder auf –werden schwächer und schwächer –

du atmest wieder etwas tiefer ein und gelangst somit zurück zu deinem sicheren Ort – lässt auch hier die Bilder verblassen – und wirst mit jedem deiner Atemzüge wacher und frischer – spürst wieder die Unterlage, auf der du liegst – und bemerkst, wie du dich mit leichten Bewegungen wieder hierher in diesen Raum zurückbringen kannst – lasse diese Bewegungen stärker werden – rekle und dehne dich auf der Unterlage – und komme dann mit deiner ganzen Aufmerksamkeit wieder ins Hier und Jetzt zurück –und öffne sanft deine Augen –

……………………………………………………………………………

Körper, wechsle dich

Ich erkenne meine wahre Schönheit
und öffne mich für Liebe und Fülle in meinem Leben.

Ziel der Reise:	sich selbst in der Vorstellung mit allen Sinnen schlank erleben
Dauer der Reise:	ca. 25 Minuten
Symbolik:	Kaufhaus = Möglichkeiten Spiegel = Selbstreflexion
Musikbegleitung:	*Visionen* von Arnd Stein
Nachbearbeitung:	Die Klientin soll diesen mentalen Körpertausch selbstständig so oft wie möglich durchführen. Danach kann ein Gespräch darüber erfolgen, wie das am besten durchzuführen ist.

Und wieder ist es soweit, du kannst dir erlauben, **loszulassen** – den Alltag zu vergessen – einfach bei dir zu sein – mache es dir dafür auf deiner Unterlage ganz bequem – spüre in dich hinein und fühle, was du verändern möchtest, um wirklich getragen zu sein von der Unterlage – und du kannst dich entscheiden, auf welche Art du heute am liebsten **loslassen** magst – denn du hast die Wahl, ob du einfach nur daliegst und dich ausruhst – oder dich mitnehmen lässt von der Musik und meiner Stimme – in einen Zustand von **Gelöstheit**, von Entspannung – erinnere dich daran, wann du das letzte Mal vollständig **losgelassen** hast – dich entspannt hast

– und erlaube dir auch heute wieder, diesen Weg zu gehen – auf deine ganz eigene Art und Weise – nimm alle Geräusche, alle Gerüche und alle Empfindungen mit in deine Entspannung – lasse sie dazu beitragen, dich **tiefer** zu führen – **tiefer** in deine Mitte – und du kannst spüren, wo überall du den Boden berührst – welcher Körperteil tiefer in die Unterlage einsinkt – und was alles du an den Boden abgeben kannst – um tiefer zu sinken – mehr **loszulassen** – mehr und mehr – und während dein Körper das ganz von alleine geschehen lässt – und einfach weiter loslässt – weiter entspannt – kannst du auf deine Körperempfindungen achten – und den Punkt in dir ausmachen, der schon mehr und mehr zur Ruhe kommt – und wenn du diesen Punkt wahrgenommen hast, lasse diese **tiefe** Ruhe – diese **strömende** Empfindung – sich in deinem gesamten Körper ausbreiten – all die Wärme – die Schwere oder Leichtigkeit – die Schwingungen – mit dem Gefühl, ganz bei dir zu sein – sodass nach kurzer Zeit dein gesamter Körper von diesem **wohligen,** leichten, entspannten Gefühl ausgefüllt ist – und **loslassen** kann – **tiefer** sinken kann – und du lässt diese Entspannung einfach weiter geschehen – du weißt, dass diese Reise nach innen führt – nach innen, zu dir selbst –

um anzukommen an deinem sicheren Ort – dem Platz, der dir vertraut ist und dir Schutz und Geborgenheit bietet – der dir immer wieder das Vertrauen gibt, umsorgt und behütet zu sein – sodass du von hier aus in die Welt deiner Bilder und Gefühle eintauchen kannst –

währst du sehr erstaunt, wenn du dich plötzlich in einem Kaufhaus mit vielen Etagen wiederfinden würdest? – Nimm dir Zeit, dieses Bild scharfzustellen – male es dir bunt aus – lasse die Konturen immer deutlicher werden, bis es aussieht wie auf Fotos in einem Fotoalbum – und nimm dann wahr, was in diesen Etagen besonders für dich ist – nimm die Umgebung mit all den Farben und Formen wahr – vielen Menschen ist es eher möglich, Gefühle als Bilder zu erleben – es gibt keine Notwendigkeit, das eine oder das andere zu wollen – du kannst einfach weiter hineingleiten in dieses wohlige Erinnern – sodass du fühlen kannst, wie du durch die Räume gehst – und dabei bemerken kannst, wie die Temperatur hier ist – und wenn du dir erlaubst, dich selbst wahrzunehmen, mit allem, was für dich dazugehört – kannst du dich entspannt und gelöst fühlen – die Abteilungen des Kaufhauses sind hell und die Waren übersichtlich eingeordnet – und während du langsam von Abteilung zu Abteilung schlenderst – streichen deine Hände über Regale aus Metall– über feine, seidige Stoffe – über raue, aber auch über flauschige Wolle – beim Betreten der Rolltreppe kannst du das leise Geräusch des Antriebes hören – während irgendwo eine Lautsprecherdurchsage ertönt – den betörenden Duft aus der Kosmetikabteilung riechen – und indem du die Atmosphäre, die dich umgibt, wahrnimmst, kannst du dich frei und unbeschwert fühlen – sodass du lässig weiter in die Bekleidungsabteilung bummeln magst – und schon von Weitem erkennen kannst, dass an einer schlanken Ankleidepuppe ein wunderschönes Outfit drapiert ist – ja, dieses soll es sein – und wie schön, dass eine Verkäuferin dir dabei hilft, die Kleidung in der von dir gewünschten Farbe zu finden – als du den Ankleideraum betrittst, kannst du an der gegenüberliegenden Wand einen großen Spiegel entdecken – der von der Decke bis zum Fußboden reicht – du schaust dir in die Augen, dann gleitet dein Blick ganz langsam auch an deinem Körper entlang – du schaust dich ganz genau an – von vorne – von der Seite – und auch von hinten – und du weißt, es besteht keine Notwendigkeit, kein Bedürfnis, etwas zu verändern – es ist nicht nötig, etwas zu tun – denn während du dich anschaust, trittst du aus deinem Körper aus – und schlüpfst in einen schlanken Körper hinein – und wirklich, der Blick in den Spiegel kann es dir bestätigen – die Person, die dir entgegenschaut, bist du – aber – dein Körper ist schlank – ganz genau betrachtest du dein Gegenüber im Spiegel – das Gesicht – harmonisch und gelöst – der Hals – schlank und edel – die Brust – wohlproportioniert – die Arme – straff – der Bauch – flach – die Hüften – sanft gerundet – die Beine – gut geformt – so gefällst du dir – das macht gute Laune – und während du so vor dem Spiegel stehst und deine schlanke Figur bewunderst – löst sich dieses Bild plötzlich auf, und du siehst dich so – wie du im Moment wirklich aussiehst – erschrocken über diese Veränderung, sehnst du dich nach der andere Figur – und noch während du dieses Sehnen verspürst, kannst du eine Verwandlung in dir bemerken – du fühlst, dass du wieder in einem schlankeren Körper steckst – und als du deinen Blick hebst, um wieder in den Spiegel zu schauen – kannst du erkennen, dass du tatsächlich wieder schlank bist – dein Spiegelbild beweist es dir – und du beginnst, zu verstehen, dass du ganz einfach von deinem jetzigen Körper in deinen schlanken Körper schlüpfen kannst – ganz einfach und leicht ist dir das jederzeit möglich – und du fragst dich vielleicht, wie das geschehen kann? – Viele Menschen können in Trance neue Wege gehen, um Ziele zu erreichen – und du bist in der Lage, dir das völlig zu vergegenwärtigen – immer wieder kannst du dieses Wissen nutzen, um dein Wohlfühlgewicht schneller zu erreichen – kannst dich einfühlen in deinen schlanken Körper – gewahr werden, wie er sich bewegt – wie er sich anfühlt – kannst ihn riechen – und seine Bewegungen hören – kannst dich rundum in ihm und mit ihm wohlfühlen – stolz und zufrieden sein – und diesen Weg immer wieder nutzen – nun ist es dir möglich, das wunderschöne Outfit glücklich und zufrieden anzuziehen – und zu bemerken, dass es ganz exakt sitzt – und mit dem Wissen, dass du diesen Vorgang immer wieder durchleben kannst – und immer wieder Zugang zu deinem schlanken Body finden kannst – schließt du diese Reise jetzt für dich ab – beendest sie auf deine eigene Art und kommst in deinem eigenen Tempo zurück –

zurück zu deinem sicheren Platz – an dem langsam deine inneren Bilder verblassen – sich einfach auflösen – und du mit deiner Aufmerksamkeit wieder hierher, in diesen Raum zurückkommst – einen kräftigen Atemzug machst – und mit jedem Atemzug Frische einatmest – Frische, die sich in deinem ganzen Körper ausbreitet – beim Ausatmen bewegst du langsam deine Hände und Füße – und noch einmal atmest du kräftig ein und aus – wirst dabei wacher und wacher – frisch, gelöst und glücklich dehnst und streckst du dich – und mit dem nächsten Atemzug kommst du ganz in diesen Raum zurück – und öffnest deine Augen –

....

Coachings, Seminare, Ausbildungen und weitere Veröffentlichungen der Autorin

Ein Buch zu lesen und umzusetzen, ist ein Weg, um zur Meisterschaft zu gelangen. Ein anderer ist es, sich das Gelesene in Seminaren und Ausbildungen anzueignen:
Deshalb bietet die Autorin außerdem Seminare und Ausbildungen – auch im Ausland – zu diesem Thema an.

Veröffentlichungen:

- *Verstrickungen lösen – Eine Reise in die emotionale Freiheit*
  (Audio-CD), ISBN 978-3-9811033-1-1

- *In der Ruhe liegt die Kraft – Fantasiereisen zum Entspannen, Ruhefinden und Krafttanken*
  (Audio-CD), ISBN 978-3-981033-2-8

- *Power für den Alltag. Das Chakra-Karten-Set*
  ISBN 978-3-981033-0-4

Informationen zur Autorin und zu den aktuellen Terminen und Veranstaltungen:

www.seelmann-partner.de

Kontakt:

E-Mail: bieber@seelmann-partner.de

Tel.: +49 (06021) 921 638

Fax: +49 (06021) 921 639

Adresse:

Seelmann & Bieber Trainings

Amselweg 11

D-63773 Goldbach

Susanne Hühn

Traum-Reisen
Phantasiereisen zu Oasen der Stille

144 Seiten

ISBN 978-3-89767-465-3

Die Autorin zeigt Ihnen in diesem Buch erprobte und leicht zu erlernende innere Bilder und Meditationen, die Sie im Alltag anwenden können. Gelassenheit, Ruhe, einen inneren sicheren Schutzraum – hier finden Sie alles, was Sie brauchen, um in nahezu jeder emotionalen Situation mit Kraft und Frieden versorgt zu sein. Die Meditationen sind gerade kurz genug, um sich nach einmaligem Lesen leicht an sie zu erinnern.

Susanne Hühn

Traum-Reisen
Angeleitete Meditationen mit Musikbegleitung

Gesamtspielzeit: 55:11 Min.

ISBN 978-3-89767-222-2

Brauchen Sie Erholung und Ruhe? Hier dürfen Sie aufatmen. Lehnen Sie sich zurück, und tanken Sie Kraft. Die Meditationen auf dieser CD sind zur Entspannung gedacht und führen Sie in wundervolle Landschaften. Die einfühlsam eingewebte Musik und die sehr angenehme Stimme entspannen Sie tief.